Linda Christanty

Schreib ja nicht, dass wir Terroristen sind!

Essays zu Politik, Gender und Islam von Banda Aceh bis Berlin

Bibliographische Information der Deutschen Nationalbibliothek:
Die Deutsche Nationalbibliothek verzeichnet diese Publikation in der Deutschen Nationalbibliographie; detaillierte bibliographische Daten sind im Internet abrufbar: http://dnb.d-nb.de.

Titel der Originalausgabe: »Jangan Tulis Kami Teroris«

Die Veröffentlichung dieses Buchs wurde ermöglicht mit freundlicher Unterstützung durch das Übersetzungsförderungsprogramm des Ministeriums für Bildung und Kultur der Republik Indonesien.

Umschlag: Agentur Marina Siegemund, Berlin, unter Verwendung eines Fotos von Gunnar Stange
(Aufnahme: Sabang, Pulau Weh, Provinz Aceh, Indonesien, 2006)
Satz: Katrin Kassel, Berlin
Druck: Clausen & Bosse, Leck

E-Mail: info@horlemann-verlag.de
Internet: www.horlemann.info
ISBN: 978-3-89502-392-7

Linda Christanty

Schreib ja nicht, dass wir Terroristen sind!

Essays zu Politik, Gender und Islam von Banda Aceh bis Berlin

Aus dem Indonesischen übersetzt und herausgegeben von Gunnar Stange

HORLEMANN

Inhaltsverzeichnis

009 Den Ismen auf den Zahn fühlen –
Anmerkungen zu Linda Christanty (von Gunnar Stange)
021 Vorwort der Autorin
024 Ich und der Islam
034 Die Religionsschule Markaz Al Ishlah Al Aziziyah
039 Alles für ein freies Aceh
057 Erinnerungen an Hasan Tiro
061 Die Friedenswächterinnen
065 Frieden von unten
078 Das Kopftuch der kleinen Tata
086 Schreib ja nicht, dass wir Terroristen sind!
107 Auf Wiedersehen in Idaho
112 Die Menschen von Sabang
122 Die neofaschistische Gefahr
133 Amerika, Osama und Israel
140 Eine Geschichte aus dem Süden
147 Einheit in Zersplitterung
154 Jahr Null in Kambodscha
168 Glossar

Für
Herman Hendrawan
Bimo Petrus Anugerah
Wiji Thukul
Suyat

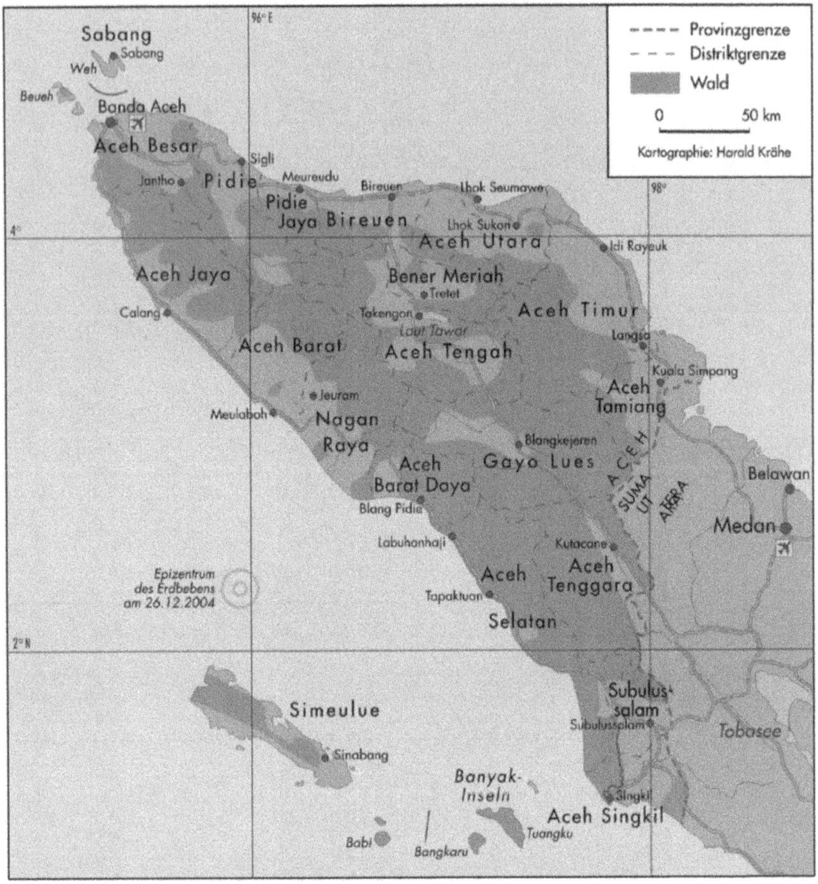

Provinzgrenze
Distriktgrenze
Wald
0
50 km
Kartographie: Harald Krähe
96° E
98°
4°
2° N
Sabang
Sabang
Weh
Beueh
Banda Aceh
Aceh Besar
Sigli
Jantho
Pidie
Meureudu
Pidie
Jaya
Bireuen
Bireuen
Lhok Seumawe
Lhok Sukon
Aceh Utara
Idi Rayeuk
Aceh Jaya
Bener Meriah
Tretet
Calang
Takengon
Laut Tawar
Aceh Timur
Aceh Barat
Aceh Tengah
Langsa
Kuala Simpang
Aceh
Tamiang
Jeuram
Meulaboh
Nagan
Raya
Blangkejeren
Aceh
Barat Daya
Gayo Lues
ACEH
SUMATERA
UTARA
Belawan
Blang Pidie
Medan
Labuhanhaji
Kutacane
Epizentrum
des Erdbebens
am 26.12.2004
Aceh
Selatan
Aceh
Tenggara
Tapaktuan
Simeulue
Subulus-
salam
Subulussalam
Tobasee
Sinabang
Banyak-
Inseln
Singkil
Aceh Singkil
Babi
Bangkaru
Tuangku

Den Ismen auf den Zahn fühlen – Anmerkungen zu Linda Christanty

Meine erste Begegnung mit Linda Christanty fand im Frühjahr 2011 im zweiten, häufig menschenleeren Geschoss eines Cafés mit dem bezeichnenden Namen *Black and White* in Banda Aceh statt. Banda Aceh ist die Hauptstadt der über Jahrzehnte konflikterschütterten Provinz Aceh im äußersten Westen der indonesischen Insel Sumatra. Dieses erste Treffen war, gelinde gesagt, eine recht peinliche Angelegenheit für mich, führte sie mir doch meine Ignoranz gegenüber den jüngeren Entwicklungen in der indonesischen Literatur vor Augen. Denn Linda Christanty hätte mir eigentlich ein Begriff sein müssen. Einige Jahre zuvor hatte ich zwei ihrer Kurzgeschichten in der Anthologie »Duft der Asche« (Horlemann Verlag 2008) gelesen, ihren Namen allerdings längst wieder vergessen.

Ich hatte Linda also nicht als herausragende zeitgenössische Literatin, sondern als Kennerin der Politikszene Acehs kontaktiert, als die sie mir von einem Kollegen an der Syiah-Kuala-Universität in Banda Aceh empfohlen worden war. Zu diesem Zeitpunkt hatte sie bereits sechs Jahre in Banda Aceh gelebt, wo sie 2005 im Auftrag der in Jakarta ansässigen Pantau-Stiftung für Journalismus (*Yayasan Pantau*) das unabhängige Internetnachrichtenportal *Aceh Feature* gegründet und seither mit 40 jungen Journalistinnen und Journalisten erfolgreich betrieben hatte – ein kaum zu unterschätzender Beitrag zum Wiederaufbau der Provinz nach den verheerenden Zerstörungen durch den Tsunami am 26.12.2004, dem allein in Aceh fast 170.000 Menschen zum Opfer gefallen waren. Damals war ich inmitten einer Feldforschung zur politischen Transformation in Aceh nach der Unterzeichnung des Friedensvertrages zwischen der indonesischen Regierung und der Bewegung Freies Aceh (GAM), die bis 2005 fast 30 Jahre lang für die Unabhängigkeit des ehemaligen Sultanats *Aceh Darussalam* von Indonesien gekämpft hatte. Der bewaffnete Konflikt kostete schätzungsweise 30.000 Menschen das Leben und viele mehr wurden vertrieben. Ich fand in Linda Christanty tatsächlich eine außerordentlich gut informierte und reflektierte Gesprächspartnerin. Was mich von vornherein für sie einnahm, waren ihre unermüdlichen Fragen an alles und jeden sowie die Tatsache, dass kaum eine Antwort sie jemals wirklich zufriedenstellen konnte.

So trafen wir uns während meines dreimonatigen Aufenthaltes in Aceh fortan einmal in der Woche im Café *Black and White* und diskutierten jeweils mehrere Stunden über Tagespolitik und die Geschichte Acehs. Ihre herausragende Rolle in der zeitgenössischen Literaturszene Indonesiens sollte mir während dieser Treffen erst nach und nach bewusst werden. Am Ende meiner Zeit in Aceh kamen wir nach all unseren Gesprächen über die Konflikttransformation Acehs schließlich überein, ihren damals frisch erschienenen Essayband »Jangan Tulis Kami Teroris« (Schreib ja nicht, dass wir Terroristen sind!) ins Deutsche zu übersetzen und uns auf die Suche nach einem Verlag zu machen. Schließlich war eine Vielzahl der Essays des Bandes unseren unerschöpflichen Gesprächsthemen gewidmet und so fühlte ich mich einigermaßen kompetent, die Übersetzung wagen zu können. Nachdem sich der Horlemann Verlag zunächst sehr interessiert an dem Band gezeigt hatte, geschah im Laufe des Jahres 2011 erst einmal nichts, bis ich im Herbst 2012 zu meiner vorerst letzten Feldforschung nach Banda Aceh aufbrach, wo Linda mich für ein Wochenende besuchen wollte.

Sie war in der Zwischenzeit nach Jakarta zurückgekehrt und hatte angefangen als Redakteurin bei der Frauenzeitschrift *Dewi* zu arbeiten. Zwei Tage vor ihrer Ankunft in Banda Aceh meldete sich überraschend Anja Schwarz bei mir, die inzwischen die Leitung des

Horlemann Verlages übernommen hatte, und fragte, ob ich nach wie vor an einer Veröffentlichung des Bandes in deutscher Sprache interessiert sei. Eine Fügung! Ich ließ sie umgehend wissen, dass ich die kommenden Tage mit Linda verbringen würde und bat sie um etwas Geduld. Linda und ich machten uns daran, ein Exposé zu den verschiedenen Essays und Reportagen des Bandes zu erstellen und schickten es schließlich an Anja Schwarz, die nicht lange mit einer definitiven Zusage auf sich warten ließ. Dass der Band nun in einer Zeit erscheint, in der indonesische Autorinnen und Autoren wie aus dem Nichts in das öffentliche Bewusstsein Deutschlands drängen – Indonesien ist das diesjährige Gastland auf der Frankfurter Buchmesse –, ist ein Glücksfall und freut mich persönlich sehr für Linda Christanty. Der vorliegende Band hätte es mit großer Wahrscheinlichkeit unter anderen Umständen ungleich schwerer gehabt, im Meer der Neuerscheinungen auf sich aufmerksam zu machen.

Für die deutschsprachige Leserschaft ist Linda Christanty ein wenig beschriebenes Blatt. Bisher liegen in deutscher Übersetzung nur zwei ihrer Kurzgeschichten vor: »Maria Pintos fliegendes Pferd« (*Kuda Terbang Maria Pinto*) und »Das schwarze Loch« (*Lubang Hitam*), erschienen in der von Monika Arnez und Edwin Wieringa übersetzten und im Horlemann Verlag herausgegebenen Kurzgeschichtenanthologie »Duft der Asche. Literarische Stimmen indonesischer Frauen«, den ich bereits erwähnte. Dieser Umstand ist symptomatisch für die Präsenz indonesischer Literatur auf dem deutschen Buchmarkt. Mit Ausnahme einiger weniger Gedicht- und Kurzgeschichtenanthologien sind es bisher vor allem die Werke so großer indonesischer Romanciers wie Pramoedya Ananta Toer und Umar Kayam sowie in jüngerer Zeit Romane der Vertreterinnen der sogenannten *Sastra Wangi* (Duftliteratur), die ihren Weg auf den deutschen Buchmarkt fanden. Letztere in erster Linie aufgrund ihrer Tabubrüche im Umgang mit weiblicher Sexualität nach dem Ende der Suharto-Diktatur 1998. Dass die deutsche Leserschaft, wenn überhaupt, indonesische Romanliteratur kennt, ist ein Kuriosum, das vor allem mit deutschen beziehungsweise »westlichen« Genrefaibles erklärt werden muss, jedoch wenig mit der Gewichtung literarischer Genres in Indonesien zu tun hat. In Indonesien sind es vor allem Gedichte, Kurzgeschichten und Essays, die häufig in Zeitungen und Zeitschriften abgedruckt und so von einer Vielzahl von Leserinnen und Lesern gelesen werden, bevor sie in Anthologien erscheinen.

Zurück zu Linda Christanty: Sie erblickte das Licht des gerade eine Generation alten Indonesiens im Jahre 1970 auf der Insel Bangka – ein Jahr bevor das sogenannte Regime der Neuen Ordnung (*Orde Baru*) unter dem »lächelnden« General Muhammad Suharto mit dem Wahlsieg der neuen Staatspartei *Golkar* (*Golongan Karya*, Funktionelle Gruppen) bei den Parlamentswahlen 1971 seinen autoritären Machtanspruch pseudodemokratisch zementierte. Nach einer unbeschwerten Kindheit auf dem Eiland ihrer Geburt südwestlich der Insel Sumatra ging sie Ende der 1980er Jahre in die indonesische Hauptstadt Jakarta, um ein Studium der Literaturwissenschaften an der Fakultät für Literaturwissenschaft der *Universitas Indonesia* aufzunehmen, das sie 1994 abschloss. Bereits während ihres Studiums hatte sie begonnen, Kurzgeschichten zu veröffentlichen und war im Alter von 19 Jahren für ihre Kurzgeschichte *Daun-daun Kering* (»Laub«) mit dem begehrten, jährlich vergebenen Kurzgeschichtenpreis von *Kompas*, der wichtigsten nationalen Tageszeitung Indonesiens, ausgezeichnet worden. An eine reine Schriftstellerinnen- oder Journalistinnenkarriere war für sie allerdings auch nach dem Ende ihres Studiums vorerst nicht zu denken. Zunächst musste ja noch ein Diktator gestürzt und mussten menschenwürdige Arbeitsbedingungen im heute viertbevölkerungsreichsten Land der Erde durchgesetzt werden.

Sie entschied sich also für ein Leben als politische Aktivistin, das sowohl brotlos als auch zum damaligen Zeitpunkt in Indonesien mehr als gefährlich war. Sozialrevolutionäres oder gar kommunistisches Gedankengut war in Indonesien, das Mitte der 1960er Jahre über die größte kommunistische Bewegung außerhalb des sogenannten Ostblocks verfügt hatte, seit dem Massaker an hunderttausenden, wenn nicht gar Millionen, (vermeintlichen) Kommunisten 1965/66 offiziell verboten, genauso wie die Kommunistische Partei Indonesiens (*Partai Komunis Indonesia*, PKI). Dieser Tatsache zum Trotz wurde sie Mitbegründerin der kommunistisch bzw. sozialistisch inspirierten Organisationen *Solidaritas Mahasiswa Indonesia untuk Demokrasi* (SMID, Indonesische Studentensolidarität für Demokratie), *Pusat Perjuangan Buru Indonesia* (PPBI, Arbeiterkampfzentrum Indonesiens) und *Jaringan Kerja Kesenian Rakyat* (JAKR, Arbeitskreis für Volkskunst), die als Massenorganisationen (*Underbouw*) der 1996 gegründeten *Partai Rakyat Demokratik* (PRD, Demokratische Volkspartei) fungierten, die sich als neue sozialrevolutionäre Partei in klarer Opposition zum Suharto-Regime verstand. Wenig überraschend wurde die Partei sehr schnell verboten und viele ihrer Kader von den Behörden des Regimes verfolgt und verhaftet. Einige ihrer Mitstreiter, wie der Lyriker Wiji Thukul, denen dieser Band gewidmet ist, wurden später während der friedlichen Revolution im Mai 1998 entführt und verschwanden unter bis heute ungeklärten Umständen.

Den Gefahren dieses Regimes trotzend war Linda Christanty ab Mitte der 1990er Jahre für die PRD unter dem Decknamen Mirna in den Industriegebieten des Großraums Jakarta unterwegs, um Arbeiterinnen politisch zu bilden und sie für den Arbeitskampf zu mobilisieren. Den ersten großen Streik organisierte sie im Juni 1995 mit 5.000 Arbeiterinnen der Fabrik *PT Great River*, die vor das indonesische Parlament in Jakarta zogen und dort eine menschenwürdige Sozial- und Arbeitsgesetzgebung, die Abschaffung der politischen Rolle des Militärs, die Stabilisierung der Nahrungsmittelpreise und sogar den Rücktritt Suhartos forderten.

Zwar schrieb Linda in dieser Zeit für verschiedene Tageszeitungen, konnte davon aber beileibe nicht leben. So wohnte sie mit den Arbeiterinnen, die ihr Essen mit ihr teilten, in heruntergekommenen Baracken und schlief auf Estrich statt auf einer Matratze. Linda blieb der PRD auch während der Zeit der Proteste, die schließlich im Mai 1998 in den Rücktritt Suhartos münden sollten, treu, kehrte der Partei jedoch schließlich im Jahre 1999 den Rücken, da sich diese in alter linker Tradition mit der einsetzenden Demokratisierung und dem Wegfall eines gemeinsamen Feindes zunehmend in Flügelkämpfen zerrieb. 1998 und 1999 konzentrierte sie sich vor allem auf die öffentliche Unterstützung des 1975 von Indonesien völkerrechtswidrig annektierten Osttimors. Ihr Essay *Kekerasan dan Militarisme di Timor Leste* (»Gewalt und Militarismus in Osttimor«) wurde im Jahre 1998 von allen damaligen nationalen Menschenrechtsorganisationen als bestes Menschenrechtsessay prämiert. Den Preis konnte sie aufgrund ihrer politischen Tätigkeit im Untergrund nicht selbst entgegennehmen. Im Jahr 2000 wurde Osttimor schließlich in seine Unabhängigkeit »entlassen«, die mit dem Blut seiner Menschen teuer »bezahlt« worden war.

Während der ersten Jahre des demokratischen Indonesiens zeigte sich Linda mehr und mehr enttäuscht vom Verlauf der politischen Transformation des Landes, in dem nach wie vor die alten Eliten den Ton angaben und für ihre Verbrechen während der mehr als dreißigjährigen Diktatur nicht zur Rechenschaft gezogen wurden. So widmete sie sich zunehmend ihrer Karriere als Journalistin und Schriftstellerin. Sie glaubte, damit mehr bewirken zu können, als in ihrer Eigenschaft als politische Aktivistin. Und tatsächlich findet sie Gehör mit ihren Kurzgeschichten und Reportagen, in denen sie nicht müde wird, nach den Ursachen und der Sinnhaftigkeit der religiösen, politischen und ethnischen Konfliktlinien in einem Land zu fragen, das mit hunderten von Volksgruppen und gesprochenen Sprachen kaum diverser sein könnte.

In den folgenden Jahren wurde sie für ihre Arbeiten mit zahlreichen nationalen und internationalen Literaturpreisen ausgezeichnet. 2004 erhielt sie den mit dem Georg-Büchner-Preis vergleichbaren *Khatulistiwa Literary Award* für ihren Kurzgeschichtenband »Das fliegende Pferd Maria Pintos« (*Kuda terbang Maria Pinto*). Teile ihrer Novelle »Das Zepter des Sultans« (*Tongkat Sultan*), die den politischen Konflikt und die Auswirkungen des Tsunami in Aceh thematisiert, wurden als Libretto für eine moderne Oper adaptiert, die im Februar 2008 anlässlich eines Treffens des PEN-Clubs in Tokyo uraufgeführt wurde. Ihre Kurzgeschichte »Abendessen« (*Makan Malam*) über den angeblichen kommunistischen Staatsstreich im Jahre 1965 und das anschließende Massaker, von dem bereits die Rede war, ist seit 2010 Pflichtlektüre in den Indonesischkursen der Gymnasialstufe von New South Wales, Australien. Im Jahre 2010 wurde Linda vom indonesischen Bildungsministerium für ihren Essayband »Von Java nach Aceh« (*Dari Jawa menuju Atjeh*) ausgezeichnet und erhielt im selben Jahr als eine von bisher lediglich zwei indonesischen Schriftstellerinnen und Schriftstellern ein zweites Mal den *Khatulistiwa Literary Award* für den Kurzgeschichtenband »Das Geheimnis von Selma« (*Rahasia Selma*). Im Jahre 2013 wurde sie schließlich mit dem renommierten *Southeast Asian Writers Award* (*S.E.A. Write Award*) ausgezeichnet. Ihre Kurzgeschichten und Essays wurden bisher ins Thailändische, Englische, Deutsche, Japanische und Chinesische übersetzt. Darüber hinaus gibt es nur wenige zeitgenössische Autorinnen und Autoren, die in derartig vielen indonesischen Tageszeitungen und Zeitschriften publiziert haben, wie sie. Ihre Beiträge erschienen in *Media Indonesia, Pelita, Business Indonesia, Suara Karya Minggu, Kompas, Sinar Harapan, Mutiara, Flores Pos, Suara Timor Lorosae, Playboy Indonesia, Dewi, Esquire Indonesia, Bacarat, Tempo, Koran Tempo, Serambi Indonesia, Modus Aceh, Lampung Pos* und der *Jawa Pos.*

Wie Linda Christanty in ihren Schriften und Interviews immer wieder betont, geht es ihr in ihrem Schaffen vor allen Dingen darum, die unendliche Vielfalt von Wertesystemen, seien es nun Religionen oder Ideologien, auf ihre Relevanz und Auswirkungen für Menschen und Gesellschaften hin zu befragen, also den »Ismen« unserer Zeit auf den Zahn zu fühlen. So schreibt sie im ersten Essay des vorliegenden Bandes »Ich und der Islam«:

»Der Mensch ist mit der Gabe der Vielfalt ausgestattet. Von Geburt an sind wir verschieden, unterschiedlichen Geschlechts, unterschiedlicher Kultur, unterschiedlicher Ethnie und unterschiedlicher Nationalität. Die Unterwerfung der Welt im Namen einer Religion verkehrt diese Gabe in ihr Gegenteil.«

So paradox es auf den ersten Blick klingen mag, verdeutlicht dieses Zitat, dass Linda Christanty eine indonesische Nationalistin par excellence ist. Nicht etwa, weil sie wie viele ihrer Zeitgenossen, die sich selbst zu Wohltätern der indonesischen Nation erklären, stets einen angsterfüllten Blick über den indonesischen Archipel schweifen lässt und ein von fremden, klandestinen Mächten im stillen geplantes Auseinanderbrechen der Nation postuliert. Nein, sie zeigt ihren Mitmenschen, wie wahrhaftig und allgegenwärtig das Staatsmotto Indonesiens »Einheit in Vielfalt« (*Bhinneka Tunggal Ika*) tatsächlich ist. Für viele ihrer Landsleute sowie internationale Beobachter und Wissenschaftler Indonesiens ist sie eine Wohltat. Bestärkt sie doch in ihrem Schaffen den Glauben an den jahrzehntelang gerühmten und zunehmend auf den Prüfstand geratenen moderaten indonesischen Islam. Schließlich ist Indonesien das Land mit der größten muslimischen Bevölkerung der Welt, ohne im Selbstverständnis ein islamisches Land zu sein. Die (verfassungswidrige) Einführung des islamischen Strafrechts in Aceh und islamischer Rechtsverordnungen in hunderten indonesischer Städte und Distrikte während der vergangenen Jahre fordert diese (Verfassung-) Wirklichkeit allerdings zunehmend heraus, wie Linda Christanty an verschiedenen Stellen der vorliegenden Beiträge aufzeigt.

In ihrem journalistischen Schaffen, das jedoch lediglich einen kleinen Teil ihres beeindruckend breiten Oeuvres umfasst, ist Linda Christanty stets darum bemüht, hinter den Spiegel zu sehen und die Phänomene und Menschen, die sie beschreibt, aus ihrem Kontext heraus verstehen zu helfen. Dies macht sie zu einer wichtigen Erklärerin Indonesiens für ihre Landsleute, aber auch für eine zunehmende internationale Leserschaft. Es verwundert daher kaum, dass sie beständig um eine außerordentliche Klarheit ihrer Sprache bemüht ist, die einerseits einen leichten Zugang für Leser aller Bildungsmilieus ermöglicht und es andererseits schafft, nicht banal oder oberflächlich und somit lesenswert und mitreißend zu sein.

Nach ihrem preisgekrönten Erzählband »Von Java nach Aceh« (*Dari Jawa menuju Atjeh*) weitet Linda Christanty im vorliegenden Reportagen- und Essayband ihren Erzählradius von Aceh weit über die Grenzen des Inselstaates Indonesien hinaus nach Festlandsüdostasien und nach Europa aus. Die Autorin interviewt Vertreter unterschiedlichster religiöser, politischer und sozialer Gruppierungen wie etwa der radikalislamischen »Front der Verteidiger des Islam« (*Front Pembela Islam*, FPI) oder aber der ehemaligen Unabhängigkeitsbewegung Bewegung Freies Aceh *(Gerakan Aceh Merdeka*, GAM) in Indonesien sowie verschiedener Gruppierungen in Malaysia, Süd-Thailand und Kambodscha. Die Orte und Erfahrungen, von denen die Beiträge im vorliegenden Band leben, zeigen, dass Unrecht und Willkür auf jede erdenkliche und unerdenkliche Art und Weise legitimiert werden, sei es ethnisch, völkisch, religiös, kommunistisch, nationalistisch oder gar demokratisch. Gleichzeitig dekonstruiert Linda Christanty aus kritischer Perspektive das Augenscheinliche und gibt zu bedenken, dass auch diejenigen, die sich bedroht fühlen, dazu neigen, eine exklusive Identität zu imaginieren, die, wenn auch unter umgekehrten Vorzeichen, denselben Gesetzmäßigkeiten der Identitätskonstruktion ihrer Peiniger folgt. Der Band bietet einen kritischen und mutigen Journalismus mit provozierender Erzählweise, die lokale Phänomene immer auch überzeugend in ihren globalen Verflechtungen und Parallelen einzuordnen weiß, so etwa, wenn uns die Autorin in »Die neofaschistische Gefahr« auf eine virtuelle Reise mit nach Dresden, Leipzig, Berlin und Bratislava nimmt und vom deutschen Neonazismus und respektive neochauvinistischen Umtrieben in der Slowakei berichtet. In diesem Essay tut Linda Christanty darüber hinaus etwas, das dem deutschen Leser geradezu banal erscheinen mag. Sie erklärt ihren Lesern den Faschismus und speziell die Gräuel des NS-Regimes in Deutschland. In einem Land wie Indonesien, wo Adolf Hitler im Lichte des Israel-Palästina-Konfliktes heute von vielen Menschen als Held verehrt wird, ist dies humanistische Aufklärungsarbeit, die unbedingt geleistet werden muss.

Dennoch ist es vor allem ihr »Zu-den-Menschen-gehen«, um von ihnen zu berichten, was mich als Ethnologe immer wieder für sie einnimmt. Linda Christanty spricht nicht nur mit den Menschen, mit denen sie während ihrer Recherche viel Zeit verbringt, ja teilweise mit ihnen lebt, sondern lässt sie in ihren Essays selbst zu Wort kommen. Wie etwa, wenn sie Bulqaini, den Leiter eines islamischen Internats in Aceh, erzählen lässt:

»Das Konfliktpotential in Aceh ist groß. Rachegefühle sind weit verbreitet. Ich gehöre nicht zu den Leuten, die aus lauter Dankbarkeit für den Friedensvertrag (MoU) auf die Knie fallen. Um den Teufelskreis des Konflikts zu durchbrechen, ist es wichtig, sich um die Waisenkinder zu kümmern. Sie sind noch jung, gehen gerade erst in die Grundschule. Ihnen kann noch beigebracht werden, dass es möglich ist, ein Leben ohne Rachegelüste zu führen. Wenn sie schon erwachsen sind, ist es schwierig.«

Linda Christanty ist, ohne dies für sich zu beanspruchen, den politischen Entscheidungsträgern ihrer Zeit weit voraus. Sie zeigt aus einer journalistischen und gleichzeitig sehr persönlichen Perspektive, dass die innenpolitischen Problemlagen Indonesiens und seiner südostasiatischen Nachbarn ganz ähnlicher Natur sind und bietet mittels eines ehrlichen Mitfühlens und -denkens sowie genauen Beobachtens und Beschreibens von Menschen, Politiken und Milieus einen Ausgangspunkt für ein gemeinsames Problembewusstsein und somit für eine mögliche gemeinsame Problembearbeitung innerhalb des Verbandes der Südostasiatischen Nationen (ASEAN). Ihre Schriften sind ein Plädoyer für das herbeigesehnte Zusammenwachsen der Region, die sich in den vergangenen Jahren so sehr an der europäischen Idee der Schaffung einer Wertegemeinschaft interessiert gezeigt hat und doch immer wieder am Paradigma der gegenseitigen Nichteinmischung in die Angelegenheiten der einzelnen Mitgliedsstaaten gescheitert ist, wenn es darum ging, gemeinsame Probleme, wie etwa die jüngsten Flüchtlingsströme aus Südasien und Myanmar, anzugehen.

Schließen möchte ich mit einigen Worten des im Jahre 2010 zu jung verstorbenen Journalisten, Schriftstellers, Dozenten für Literaturwissenschaft und Literaturkritikers Asep Sambodja, mit denen er Linda Christantys Schaffen als Kurzgeschichtenautorin würdigt. Er schrieb im August 2008 über ihren Kurzgeschichtenband »Maria Pintos fliegendes Pferd« (*Kuda Terbang Maria Pinto*):

»Meiner Ansicht nach hat das, was uns Linda Christanty mit »Maria Pintos fliegendes Pferd« zu sagen hat, eine ähnlich Tragweite wie M.C. Ricklefs »Moderne Geschichte Indonesiens: 1200-

2004». Während Ricklefs historischen Fakten Indonesiens nachspürt, erzählt uns Linda von den Wunden, die diese Geschichte ihrem Volk beigebracht hat.«

Für den Titel des Beitrags nahm er übrigens eine kleine Anleihe bei Antoine de Saint-Exupéry und überschrieb ihn mit »Die Augen von Linda Christantys Herz«. Die Anthologie wurde im Sommer 2015 außer Konkurrenz auf der Bestenliste von Litprom »Weltempfänger« zur Übersetzung empfohlen. Bleibt zu hoffen, dass die deutsche Leserschaft in nicht allzu ferner Zukunft mehr über Linda Christantys »fiktionale Seite« erfahren wird.

Gunnar Stange im August 2015

Vorwort der Autorin

Es gibt einige Städte und Länder, die uns niemals loslassen. Einigen Menschen geht es mit ihrem Geburtsort so. Andere sind von Ländern beeindruckt, die ihnen unvergessliche Erinnerungen beschert haben. Für mich ist Aceh im äußersten Nordwesten Indonesiens ein Ort, den ich niemals wirklich verlassen habe. Die Beziehung zwischen mir und Aceh ist allerdings nicht hinreichend erklärbar. Es ist weder die Warmherzigkeit noch die Freundlichkeit seiner Bewohner, die mich immer wieder dorthin zurückkehren lassen, zumal ich manchmal nur in Gedanken zurückkehre. Obwohl ich lange in einer Stadt Acehs gelebt habe, kann ich auch nicht behaupten, dort unvergessliche Freude empfunden zu haben.

Wenn ich nach meiner Meinung zu Aceh gefragt werde, kann ich – abgesehen von seiner Geschichte und seinem leckeren Essen – nichts mit Bestimmtheit sagen. Genau das scheint mir der Grund, weshalb Aceh eine Art Magnet für mich ist. Dinge, die stagnierend, verlässlich und leicht vorhersehbar sind, sind ohne Geheimnis. Museen zum Beispiel haben nur mit Erinnerungen aufzuwarten. Anders verhält es sich mit allem, das sich ständig bewegt und verändert, denn es lässt uns in das vertrauen, was Zukunft genannt wird. Manchmal bin selbst ich allerdings nicht bereit, mich diesen Veränderungen zu stellen. Ohne Wandel steht die Welt jedoch still.

Nachdem der fast dreißigjährige Krieg zwischen der indonesischen Regierung und der Bewegung Freies Aceh nun seit 2005 beendet ist, gibt der Wandel in Aceh nicht nur Anlass zur Freude. Soziale und wirtschaftliche Ungerechtigkeit sind nach wie vor an der

Tagesordnung. Die Einführung des islamischen Strafrechts wird allzu oft von der Regierung oder den Machteliten Acehs als Legitimation für Gewalt gegen die eigene Bevölkerung, vor allem gegen Frauen, missbraucht. Dies erinnert allzu sehr an den Missbrauch des militärischen Notstandsrechts während des Krieges.

Die andere Seite der Medaille in dieser Zeit der demokratischen Transformation sind Frauen, die sich um eine Versöhnung aus der Mitte der Bevölkerung heraus bemühen, oder eine LGBTIQ-Gruppe (Lesben, Schwule, Transsexuelle, Intersexuelle und Queer), die im Namen der Menschlichkeit und der Menschenwürde für gesellschaftliche Solidarität wirbt. Die Hoffnung stirbt also ganz offensichtlich zuletzt.

Die in diesem Band versammelten Essays sind jedoch nicht ausschließlich Aceh gewidmet, sondern auch anderen Teilen Südostasiens und der Welt, die durch jeweils eigene Probleme und Dynamiken geprägt sind. Einige dieser Essays kommen also ohne Bezüge zu Aceh aus, andere wiederum verbindet eine vergleichbare Situation und ähnliche Vergangenheit mit Aceh.

Diese Orte und Erfahrungen haben mein Bewusstsein dafür geschärft, dass Unrecht und Willkür auf jede erdenkliche und unerdenkliche Art und Weise legitimiert werden, sei es ethnisch, völkisch, religiös, kommunistisch, nationalistisch oder gar demokratisch. Andererseits neigen auch diejenigen, die sich bedroht fühlen, dazu, sich in exklusive Identitäten zurückzuziehen, die, wenn auch unter umgekehrten Vorzeichen, denselben Gesetzmäßigkeiten der Identitätskonstruktion ihrer Peiniger folgt. In Aceh wurde der javanische Kolonialismus und die Javanisierung mit dem acehischen Nationalismus beantwortet. In Malaysia hat die Angst der Malaien vor wirtschaftlicher Benachteiligung durch andere Volksgruppen des Landes zum Erlass von Gesetzen geführt, die Malaien einseitig bevorteilen. In Thailand wiederum versucht die Regierung mit einer aggressiven Assimilierungspolitik das Konzept eines ethnisch und religiös homogenen Nationalstaates durchzusetzen und tritt dabei die Kultur, Sprache und Religion der ethnischen Malaien im Süden des Landes mit Füßen. Im slowakischen Bratislava demonstrieren Jugendliche mit Transparenten, die das Konterfei eines Pfarrers zeigen, der während des Zweiten Weltkrieges mit Nazideutschland kollaborierte, für ein Patriotismusgesetz, das die ethnischen Minderheiten des ehemals zur Tschechoslowakei gehörenden Landes in Bedrängnis bringt. Konflikte und Gewalt sind an unzähligen Orten dieser Welt nach wie vor an der Tagesordnung und werden umso komplizierter je mehr sie in den Strudel der internationalen Politik und der Interessen mächtiger Staaten geraten.

Die Diskussionen und Debatten mit meinem jüngeren Bruder Tubagus Budhi Firbany waren von unschätzbarem Wert für das Entstehen dieses Bandes. Mein enger Freund Jirawat Saengthong, der sich manchmal wie ein Vogel im Käfig fühlt, hat mich an seinen Erfahrungen teilhaben lassen und mir den Zugang zu Informationen ermöglicht, ohne die dieser Band nicht das wäre, was er ist.

Anfang Mai 2011, als mein Aufenthalt in Aceh sich dem Ende neigte, begegnete ich Gunnar Stange. Unsere regelmäßigen, sehr lebhaften Diskussionen in Banda Aceh haben mir viele Einsichten vermittelt und mich zum Schreiben inspiriert. Damals besprachen wir auch die Möglichkeit, dieses Buch ins Deutsche zu übersetzen und zu veröffentlichen. Er hat dies wahr werden lassen. Dafür danke ich ihm herzlich. Mein Buch ist so zu »unserem Buch« geworden.

Ich und der Islam

Als der Mann erfuhr, dass ich eine Muslima bin, verließ ihn der Mut. Ein Engländer, dessen Namen ich vergessen habe. Er war als Mitglied einer Vereinigung internationaler Korrespondenten in Hongkong bei einer Diskussion zum Thema *Islam und die moderne Welt* aufgetaucht. Nachdem ich ihm auf Nachfrage auch den Namen meines Vaters, Abdul Malik, verraten hatte, hatte er noch ungläubiger reagiert.

Mein Name führt in aller Regel bei Menschen, die glauben, dass Muslime notwendigerweise arabische Namen tragen, zu falschen Schlussfolgerungen. Es wird allzu gern vergessen, dass der Islam über die Halbinsel seiner Entstehung hinaus Gegenden erreichte, deren Einwohner keine Araber waren. Dennoch habe ich weder protestiert, als meine kleine Schwester ihren Erstgeborenen Muhammad Faturrahman, noch als mein kleiner Bruder seinen Jüngsten Muhammad Habiburrasul nannte.

Laut unserem Familienstammbaum ist mein Vater der 38. Nachfahre des Propheten Mohammed aus der Linie seines Enkels Husayn ibn Ali, der von den Soldaten des Yazid ibn Muawiyah in der Schlacht von Kerbala in der Nähe von Nadschaf im heutigen Zentralirak im Jahre 680 getötet wurde. Unsere Verwandten sind über den gesamten Globus verstreut. Einige leben in Indien. Einer von ihnen war Sayyid Jamaluddin bin Sayyid Ahmad Syah Jalaluddin Azmat Khan bin Sayyid Amir Abdullah bin Sayyid Abdul Malik Azmat Khan, ein Prinz aus Nasirabad in Nordindien. Eines Tages verließ er Nasirabad aufgrund politischer Konflikte und weil er den

Islam in die Welt tragen wollte. Er und fünfzig seiner Anhänger segelten vom Hafen von Malabar in den Golf von Bengalen an die Küsten des heutigen Bangladesch und Myanmar. Von dort aus reisten sie auf dem Landwege nach China, von wo aus sie zunächst nach Vietnam und dann weiter zum indonesischen Archipel segelten. Sie erreichten Ostjava im Jahre 1392 während der Regentschaft von König Wikramawardhana des Majapahit-Reiches. Ein anderer Vorfahre meines Vaters, Prince Purbaya bin Sultan Agung Tirtayasa von Bantam, wurde nach Nagapattinam, Tamil Nadu, in Südindien verbannt, weil er sich gegen den holländischen Kolonialismus aufgelehnt hatte. Dort verbrachte er 14 Jahre im Exil (1716-1730), bevor er wieder nach Batavia, das heutige Jakarta, geschickt wurde, wo er nach nur zwei Jahren starb.

Viele denken wegen des »Christ« in meinem Namen, dass ich nur eine Katholikin oder Protestantin sein könne. Sie verbinden den Namen mit Jesus Christus, dem Erlöser aus Nazareth, den die islamische Gemeinschaft als »Isa Almasih« kennt, einen der vielen Propheten vor Mohammed. Vom Typ her ähnele ich wohl eher Chinesen aus Hongkong oder Japanern. Trotzdem ist mein Familienstammbaum voll von arabischen Namen.

Der Kombination meines Namens und meines Aussehens habe ich so einige komische Situationen zu verdanken. Als ich das Gymnasium besuchte, entschied ich mich für den islamischen Religionsunterricht, weil alle meine Freunde auch dort waren. Allerdings wurde ich nie dazu aufgefordert, aus dem Koran zu lesen. Immer wenn die Reihe eigentlich an mir gewesen wäre, rief unsere Lehrerin einen anderen Schüler auf. Sie war in den mittleren Jahren und stets in einen Schleier und eine weite Bluse (*baju kurung*) gehüllt. Vielleicht hielt sie mich ja für eine frische Konvertitin und wollte mich nicht damit quälen, in einer Sprache vorlesen zu müssen, die ich nicht täglich gebrauchte. Trotz allem musste sie mich beurteilen und eine Note in das Klassenbuch eintragen. Während sie also versuchte, meinen tatsächlichen Fähigkeiten auf den Grund zu gehen, stellte sie erstaunt fest, dass ich als Muslima geboren war, und fragte mich verwirrt: »Weshalb heißt du Christanty?«

Der Urheber dieses Problems war mein Vater. Als Fan der Weltklasse-Tennisspielerin Chris Evert konnte er nicht anders, als seine erstgeborene Tochter nach ihr zu benennen. Der Anhang »-tanty« hatte lediglich kosmetische Funktion und sollte den Namen noch schöner machen. Meinen Vornamen lieh sich mein Vater von der Tochter des ehemaligen US-Präsidenten Lyndon B. Johnson, die er für intelligent und hartnäckig, kurzum für sehr liebenswert hielt. Wenn ich mich recht erinnere, war allerdings der Markenname der Nähmaschine, die wir zu Hause hatten, auch Linda.

Eines Tages schlug mein Vater eher im Scherz vor, meinem Namen »Siti« voranzustellen. Jemand hatte versucht, ihm weiszumachen, dass meine rebellische und dickköpfige Art der Tatsache geschuldet sei, dass mein Name nicht islamisch oder, genauer gesagt, nicht arabisch sei. Ich fühle mich mit meinem Namen allerdings pudelwohl und irgendwie auch cool. Dass diese Umbenennungen wenig erfolgversprechend sind, bewies unsere Nachbarin Yuk Mimi. Eines schönen Tages bat sie einen islamischen Prediger darum, ihr ständig kränkelndes Kind Dezky in Safruddin umzubenennen. Der Prediger war ebenfalls der Ansicht, dass das Kind unter seinem unislamischen Namen litt. Doch es half nichts. Der zu Safruddin gewordene Dezky kränkelte weiter vor sich hin.

Als ich noch ein Kind war, verstand ich den Islam als eine Kraft, die böse Magie abzuwehren vermag. Ich glaubte ganz fest daran, dass die Verse des Koran böse Geister vertreiben könnten. So war meine Tante Mak Unggal, eine Cousine meiner Mutter und ein Einzelkind, oft von Geistern besessen. Das wiederum machte ein sehr häufiges Rezitieren von Koranversen erforderlich. In den Momenten ihrer Besessenheit war sie eine andere. Sie lachte laut, wurde wütend und ihre Stimme klang plötzlich wie die einer alten Frau. Es konnte einem angst und bange werden. Ich mochte Mak Unggal wirklich sehr, weil sie so gut kochen konnte, vor allem *empek-empek*, einen Teig aus Fleisch, Fisch und Sago, der entweder frittiert oder gekocht wird. Aber auch sonst war sie einfach sehr nett und immer gesprächsbereit.

Eines Sonntags brachte ich meine Eltern dazu, Mak Unggal, die eine Autostunde von uns entfernt wohnte, zu besuchen. Mein Vater fuhr den Wagen, meine Mutter saß neben ihm. Wir Kinder drängten uns auf dem Rücksitz und träumten von den *empek-empek* à la Mak Unggal. Auf der gesamten Fahrt sang ich mit meinen Brüdern mehr schlecht als recht die englischen Popsongs mit, die mein Vater vorn abspielte. Darunter war ein Lied von Bobby Vinton: »I love how you love, whenever you kiss me, I love the way you always treat me tenderly...yyyy... lyyyyyy... lop, lop* miiiii....

Dazu muss noch gesagt werden, dass mein Vater, bevor er den Wagen startete, immer noch circa zehn Minuten betete. Dabei rezitierte er verschiedene Koranverse. Er war der Ansicht, unsere Fahrt würde unter dem Schutz Allahs ganz ohne Zwischenfälle verlaufen. Als wir endlich bei Tante Mak Unggal angekommen waren, bot sich uns eine absurde Szene: Es wimmelte von Menschen, die ins Haus gingen und wieder herauskamen. Ich beeilte mich also, so schnell wie möglich ins Haus zu kommen, weil ich unbedingt wissen wollte, was da los war.

Meine Tante lag in der Mitte des Raumes und fluchte in regelmäßigen Abständen vor sich hin. Sie war schon wieder besessen. Pak Unggal, ihr Ehemann, saß neben ihr und las murmelnd Verse aus dem Koran. Ich war enttäuscht. Dieses Mal würde es also kein *empek-empek* geben.

Als Mak Unggal begann, wild zu schreien, unterbrochen von lautem Lachen, rannten ich und meine Brüder panisch ins Schlafzimmer und versteckten uns unter dem Bett. Wir husteten um die Wette. Offensichtlich war hier noch nie Staub gewischt worden. Pak Unggal und die Leute, die sich um seine Frau versammelt hatten, schreckten auf, als diese plötzlich aufstand und auf den Guavenbaum im Garten zusteuerte. Sie bewegte sich so schnell, dass alle um sie herum in Panik verfielen, während sie sich blitzartig auf dem höchsten Ast des Baumes platzierte. Die Leute stürzten unter den Baum und versuchten schreiend, sie zum Absteigen zu bewegen. Das beeindruckte sie wenig. Als alles nichts half, rief der Nachbar einen islamischen Prediger, der sich bereits einen Namen

* **In der indonesischen Aussprache wird das V häufig zu P.**

damit gemacht hatte, den Geist der alten Frau aus dem Körper unserer geliebten Tante zu vertreiben. Der Name des Predigers war übrigens Abang Suhaili bin Abang Aziz. Hinzu kam, dass er der Schwager meines Vaters war. Su Abot, wie wir ihn gewöhnlich nannten, war der Imam der Moschee des Dorfes. Er machte sich sofort daran, Koranverse zu murmeln. Nach einigen Stunden wurde Mak Unggal schließlich schwächer und konnte endlich vom Baum geholt werden.

Bis zum heutigen Tage ergreift der Geist ab und an Besitz von ihr. Sie ist nun fast 70 Jahre alt. Wenn sie wieder einmal plötzlich verschwindet, sucht die Familie zuallererst die Bäume im eigenen Garten und dann die der Nachbarn ab. In der Regel wird sie dann dort gefunden. Was Flugzeugen Flughäfen, sind Bäume für Mak Unggal. Sie klettert zwar affengleich den Baum hinauf, herunter schafft sie es aber nur mit Hilfe ihrer Kinder oder Enkel.

Als meine jüngere Schwester Indira, die wir Tata nennen, noch klein war, befiel sie eines Tages eine äußerst merkwürdige Krankheit. Ihre Füße waren geschuppt wie ein Zackenbarsch. Meine Eltern liefen immer wieder mit ihr zum Arzt, aber die Krankheit wollte nicht vergehen. Im Gegenteil, sie verschlimmerte sich. Bis sich der Chauffeur meines Vaters, Mang Tan, der Sache annahm. Seiner Ansicht nach hatte Tata eine allergische Reaktion auf eine Reisschlange erlitten. Das konnte entweder geschehen, wenn diese an einem vorüberkroch, oder aber, wenn man aus Versehen auf sie trat. Mang Tan rezitierte also einige passende Koranverse, die er mit Mantren vermischte. Und siehe da, Tata war auf der Stelle geheilt.

Mang Tan ist groß und hat eine dunkle, behaarte Haut. Er hat stets gerötete Augen, aber eine sanfte und überaus höfliche Art. Er lebt in einer Vielehe, was bei uns zu Hause als nicht gerade schicklich und als alles andere als bewundernswert gilt. Seine neueste Frau ist die Enkelin des unsichtbaren Krokodilkönigs Akek Rukam. Als der König dem Tode nahe war, stieg er in den Fluß Perimping, der in die Bucht Teluk Klabat fließt, und verwandelte sich auf ewig in ein Krokodil. Wie man sich angesichts dieser Herkunft vorstellen kann, ist Mang Tan seiner Frau gegenüber ziemlich machtlos. Einmal hat sie ihn sogar während eines Streits aus dem Fenster geworfen. Da wundert es wenig, dass die erste Tochter der beiden »Licht der Hölle« heißt.

Mein Großvater mütterlicherseits ist streng gläubig. Früher besaß er viele Amulette aus dem Familienerbe. Als meine Eltern heirateten, fiel das drei Kilo schwere Erbe an meinen Vater. Er behielt allerdings nur einen Ring mit einem orangefarbenen Stein, der seit Generationen in der Familie meines Großvaters weitergegeben wird. Den Ring trug er, bis er vor zwei Jahren starb. Einen Teil der Amulette warf er in den Fluss, einen anderen ins Meer. Mein Großvater hatte nichts dagegen. Schließlich hatte er sie selbst nicht mehr verwendet. Später schloss sich mein Großvater der *Muhammadiyah* an, einer islamischen Bewegung in Indonesien, die unter anderem stark vom Wahabismus beeinflusst ist. Dennoch hat er nie die Forderungen nach einem islamischen Staat unterstützt und sein Leben lang gegen die Regierung der Neuen Ordnung gewettert. Der Grund, weshalb er sich für die Muhammadiyah entschieden hatte, war, dass sie die Totenverehrung durch Gebete und Speiseopfer verboten hatte. Die Kosten der Totenverehrung sind oft eine schwere Bürde für die Lebenden. Familien eines Verstorbenen sind häufig doppelt gestraft. Einerseits mit der Bürde der Trauer und andererseits mit den Kosten der Totenverehrung. Mein Großvater war strikt gegen Traditionen, die den Menschen das Leben schwer machen.

Die Lehren der Muhammadiyah verbieten Häresie (*bidah*), Aberglauben (*kurafat*) und Götzenverehrung (*kemusyrikan*). Häresie umfasst religiöse Praktiken, die mit dem Islam nicht vereinbar sind. Götzenverehrung bedeutet die Verehrung anderer Götter oder Geister neben Allah. Trotz allem sind die Anhänger der Muhammadiyah bei weitem nicht so konsistent, wie man glauben möchte. In Yogyakarta auf der Insel Java wird zum Beispiel akzeptiert, dass der Sultan sich als höchster Führer und Stellvertreter Allahs auf Erden bezeichnet. Und in Yogyakartas Nachbardorf Kauman verehren die Menschen *Nyai Roro Kidul*, die als unsichtbare Frau eines jeden

Sultans von Yogyakarta gilt.* Und dennoch verbietet die Muhammadiyah den Menschen, zu den Gräbern in *Pagaruyung* zu pilgern, wirft den Dayak vor, Holzpfähle zu verehren, und erkennt die Erbfolge der Könige auf Sulawesi nicht an. Aber gegen die Götzenverehrung, die vor ihren Augen in Yogyakarta stattfindet, hat sie nichts einzuwenden. Diese Doppelstandards sind reine Interessenpolitik, denn ohne sie hätte die Muhammadiyah wohl kaum Anhänger in Yogyakarta.

Mein Großvater ließ niemals eines seiner fünf täglichen Gebete aus und ging jeden Freitag in die Moschee. Ich weiß nicht genau, weshalb ich bis zum heutigen Tag immer, wenn jemand »Freitag« sagt, das Parfum meines Großvaters rieche. Glaubt ja nicht, dass es Salvatore Ferragamo oder Hermès war. Er kaufte es immer auf dem Markt in der Nähe seines Hauses. Freitags trug er das vertraute Parfum auf Hemd, Sarong und Jacke. Turban oder Bart, wie im arabischen Raum üblich, wären für ihn nie in Frage gekommen. Die meisten Menschen vergessen, dass der Islam als Religion und die arabische Kultur als Geburtsstätte dieser Religion zwei unterschiedliche Dinge sind. Der Islam ist etwas für jeden, der an ihn glaubt. Arabische Kleidung, Literatur, Gastronomie und Musik gehören zur Kultur eines Volkes, die nicht unmittelbar mit den Lehren des Islam gleichgesetzt werden darf.

Nach der Gebetszeit war unser Haus immer von der Melodie der Koranrezitation erfüllt. Großvater, Vater und Mutter lasen den Koran jeden Tag. Meine Großmutter sah schlecht und konnte die Buchstaben nicht mehr erkennen. Bevor mein Großvater starb, trug er mir auf, meine Eltern zu lieben und nie ein schlechtes Wort gegen sie zu sprechen. Oft hatte er die Stellen im Koran über das Verhalten von Kindern gegenüber ihren Eltern zitiert. Er bat uns, stets gut miteinander umzugehen, unabhängig von Religion und Nationalität, denn alles Böse, so meinte er, werde auf dieser Erde vergolten. Himmel und Hölle seien das Geheimnis Allahs.

* Dieses Privileg wurde dem derzeitigen Sultan von Yogyakarta Hamengkubuwono X. bisher nicht zuteil.

Jede Religion kennt ihre Bekleidungsvorschriften. Menschen haben das Recht, die Kleidung zu tragen, die ihnen beliebt. Der Mensch ist mit der Gabe der Vielfalt ausgestattet. Von Geburt an sind wir verschieden, unterschiedlichen Geschlechts, unterschiedlicher Kultur, unterschiedlicher Ethnie und unterschiedlicher Nationalität. Die Unterwerfung der Welt im Namen einer Religion verkehrt diese Gabe in ihr Gegenteil. Ich bekam zum ersten Mal Angst vor dem Islam, als ich eines Tages ein Flugblatt über den Jüngsten Tag las. Damals war ich in der fünften Klasse der Grundschule. Die Flugblätter lagen plötzlich auf dem Schulhof herum. Andere Schüler sammelten sie auch auf und lasen sie. Das Flugblatt zitierte den Wächter vom Grab des Propheten Mohammed, der da gesagt haben soll, dass, wenn ein Objekt am Himmel erscheine, das einem großen Ei ähnelt, der Jüngste Tag gekommen sei. Ich war wirklich in Panik und zeigte das Flugblatt sofort meiner Mutter, als ich zu Hause war. Sie beruhigte mich und sagte, ich solle das nicht glauben. Der Einzige, der um das Kommen des Jüngsten Tages wisse, sei Allah, der Allwissende.

Ganz offensichtlich war diese Flugblattaktion ein Akt von Menschen, die versuchen, aus der Religion Profit zu schlagen. Nicht lange nach diesem Vorfall sah man einige Männer von Haus zu Haus gehen und religiöse Bücher verkaufen. Auf einmal gab es auch immer mehr umherziehende Prediger. Einige von ihnen nannten sich *ustadz* und veranstalteten plötzlich Koranlesungen, Spendensammlungen und Klagefeiern oder vereinten getrennte und einsame Menschen im Namen Gottes. Mein Bruder Budhi meinte, es gebe immer mehr Menschen, die versuchten, ihren Lebensunterhalt mit Religion zu bestreiten. Diese Irrlehren würden auch weiterhin verbreitet werden. Und tatsächlich: ein Neffe meines Vaters wurde von einem Tag auf den anderen der Führer einer islamischen Bruderschaft (*tarekat*), was meine Familie einigermaßen überraschte. Bang Aton war eigentlich alles andere als religiös. Plötzlich aber hatte er eine glühende Anhängerschaft auf der gesamten Insel Bangka.

Wer dieser Sekte beitrat, hatte das Privileg, die Geister der Propheten zu treffen und sich mit ihnen auszutauschen. Es versteht sich von selbst, dass Bang Aton dabei als Medium fungierte. Trotzdem hatten diese spirituellen Übungen keinerlei Einfluss auf die sozialen Kontakte der Bruderschaft nach außen oder auf das öffentliche Leben an sich. Bang Aton gab mir nach wie vor die Hand, wenn wir uns trafen. Ganz anders also, als einige bärtige und nichtbärtige, die einen Händedruck zwischen nicht Verheirateten oder Verschwägerten unterschiedlichen Geschlechts als Tor zur Sünde und jeden als Heiden betrachten, der ihre religiösen Ansichten nicht teilt.

Bang Aton hat auch nie behauptet, dass seine religiöse Praxis die einzig wahre sei. Deshalb sei hier auch keine große Sache daraus gemacht. Schließlich hat er sich auch nie mit der Front der Verteidiger des Islam abgegeben. Das einzig Außergewöhnliche an ihm und seiner Gruppe ist letztlich, dass sie sich an bestimmten Abenden in einen völlig abgedunkelten Raum zurückziehen, um ein wenig mit den Geistern der Propheten zu plaudern.

Keine Gruppe und kein Religionsgelehrter hat das Recht, darüber zu befinden, was der wahre Islam ist. Zumindest in unserer Familie wurde dieses Prinzip immer hoch gehalten. Meine Tante Mak Sol, deren Namen ich mir bereits für die Geschichte »Der Kirschbaum« geliehen habe, hat meine Brüder, als sie noch klein waren, einmal zu kaltblütigen Mördern gemacht, indem sie ihnen die Lehren ihres Koranlehrers zu »islamischen und nicht-islamischen« Tieren auftischte. Nach Auffassung dieses Koranlehrers hätten Muslime grundsätzlich die Pflicht, Eidechsen zu töten. Schließlich hätten Eidechsen den Propheten Mohammed und seinen Getreuen Abu Bakar durch ihre Laute verraten, als sich die zwei während der Hidschra in einer Höhle vor ihren Verfolgern versteckt hielten. Tatsächlich ist es doch so, dass Spinnen ihre Netze weben und Tauben ihre Eier legen, solange sie nicht vom Menschen gestört werden. Sie tun es einfach.

Wie auch immer, der Koranlehrer meiner Tante war jedenfalls der Ansicht, dass das Töten von Eidechsen während des Fastenmonats Ramadan die irdischen Verdienste des Mörders verdoppeln würde. Das Ende vom Lied war, dass ich meinen Brüdern dabei zusehen durfte, wie sie Eidechsen mit Hilfe eines Schnipsgummis an Wänden und Decken töteten und damit eine Moskitoplage auslösten.

Eidechsen sind nun einmal keine denkenden Wesen. Ihr Handeln ist weder gut noch böse. Zudem haben Eidechsen als Tiere keine Religion und können somit auch schlecht als Heiden eingestuft werden. Das Tragikomische in Bezug auf die Auslegung der Lehren des Islam ist übrigens nicht auf meine Familie beschränkt. Es ist nicht lange her, da hat der *Rat der Islamischen Gelehrten Indonesiens* ein Rechtsgutachten zu Zibetkatzenkaffee veröffentlicht. Der dringende Bedarf an diesem Rechtsgutachten ergab sich aus der Tatsache, dass der Kaffee aus dem Kot der Zibetkatze gewonnen wird. Allerdings sei dies dann kein Problem, so der Rat, wenn die Kaffeebohnen anschließend ordentlich gewaschen würden. Man sieht also, dass die Geschichte der heidnischen Eidechsen ganz sicher nicht die letzte Volte islamischer Interpretationen des Alltags war.

Die Religionsschule
Markaz Al Ishlah Al Aziziyah

Das zweistöckige Gebäude leuchtet wie eine Fackel inmitten der Wohnsiedlung in Lueng Bata, einem Stadtteil von Banda Aceh. Die Wände und Säulen sind aus Beton. Der Hof ist gepflastert. Am Ende des Hofes erstreckt sich ein künstlicher Teich voll schwarzen Wassers. Schilf und Gestrüpp wachsen wild entlang des Teichs. Gegenüber ragt ein massives Haus empor.

»Früher hatte ich keine Glatze. Nun ist sie da. Das kommt vom vielen Nachdenken und der hohen Verantwortung«, erklärt mir Teungku Bulqaini Tanjung. Er nimmt sein *peci* (muslimische Kopfbedeckung) ab und streicht sich über seinen kahl werdenden Kopf. Er entschuldigt sich kurz, um mit seiner Frau beten zu gehen. Währenddessen soll ich seine Pflegekinder kennenlernen. Eine Tür steht weit offen und gibt den Blick auf hölzerne, weiß gestrichene Doppelstockbetten im Raum frei. Ein Mädchen mit blauem Kopftuch steht im Türrahmen und küsst meine Hand. Ihr Name ist Intan. Zunächst sagt sie kein Wort, beginnt dann aber doch schüchtern meine Fragen zu beantworten.

Die Elfjährige teilt sich ihr Zimmer mit drei Freundinnen, die im nächsten Augenblick auftauchen. Die größte von ihnen ist Maulidar. Bis auf ihren Namen sagt sie nichts, folgt aber interessiert dem Gespräch. Intan beschwert sich über eines der dabeistehenden Mädchen, dass zu faul zum Putzen sei, und erntet böse Blicke. Asmaul Husna erzählt, dass sie nun seit vier Monaten hier sei. »Mein Stiefvater hat mich oft beschimpft, und mein Vater ist vom Militär getötet worden. Meine Nachbarn haben mich hergebracht. Ob ich *lebaran*, das Fest am Ende des Fastenmonats, zu Hause verbringe, weiß ich noch nicht. Wenn ich an zu Hause denke, werde ich traurig«, sagt sie. Sie bietet mir einen freien Schlafplatz in einer Ecke an und entschuldigt sich für die beengten Verhältnisse.

Um mich scharen sich 15 Mädchen und Jungen. Einer von ihnen ist nach einem ehemaligen Präsidenten von Pakistan benannt, Zia-ul-Haq. Er hat schmale Augen und lacht jedes Mal, wenn ich ihn ansehe. General Zia-ul-Haq hatte im Jahre 1977 erfolgreich gegen den Premierminister Zulkifar Ali Bhutto geputscht und sich anschließend selbst zum Präsidenten ernannt. Bhutto und seine Anhänger ließ er hängen. Seine Herrschaft fand ein jähes Ende, als er 1988 bei einem Flugzeugabsturz ums Leben kam.

Ich frage Zia, ob seine Eltern ihm erzählt hätten, woher sein Name stammt. Er lacht und schüttelt den Kopf. Der neunjährige Zia lebt seit dreieinhalb Monaten hier, geht in die vierte Klasse der Grundschule und kommt ursprünglich aus dem Dorf Lumpute im Distrikt Pidie.

»Mein Vater hat mich und meinen älteren Bruder hergebracht. Ich bin froh hier zu sein, weil ich hier viele Freunde habe, obwohl ich manchmal auch geärgert werde«, erzählt er langsam. Zia liest gern, vor allem Märchen und Geschichten über den Propheten Mohammed. Ich frage ihn, was er einmal werden möchte. Ein paar Mädchen tuscheln sich gegenseitig etwas in die Ohren. Ich verstehe es trotzdem: »Polizist ... Polizist.« Zia aber sagt dann: »Ich möchte Soldat werden, weil meine Mutter von der GAM ermordet wurde.«

Einige der dabeistehenden Kinder schweigen, andere lachen, als sie die Antwort hören. Dann bitten mich die Kinder lautstark, fotografiert zu werden. Einige wollen posieren, andere gemeinsam fotografiert werden. Auf einmal ist alle Schüchternheit verflogen. Zia steckt mir die Zunge heraus und Intan presst ihren Zeigefinger frech auf ihre Wange. Maulidar, die sich zuvor ausgeschwiegen hat, wirft sich nun vor der Kamera in Pose. Am Ende drängen sich alle dicht um meine Kamera, um sich die Ergebnisse des spontanen

Shootings anzusehen. Dann fängt es an zu nieseln. Das Gedränge aber geht weiter.

»Das Konfliktpotential in Aceh ist groß. Rachegefühle sind weit verbreitet. Ich gehöre nicht zu den Leuten, die aus lauter Dankbarkeit für den Friedensvertrag (MoU) auf die Knie fallen. Um den Teufelskreis des Konflikts zu durchbrechen, ist es wichtig, sich um die Waisenkinder zu kümmern. Sie sind noch jung, gehen gerade erst in die Grundschule. Ihnen kann noch beigebracht werden, dass es möglich ist, ein Leben ohne Rachegelüste zu führen. Wenn sie schon erwachsen sind, ist es schwierig«, sagt Bulqaini, als er vom Gebet kommt. Mit MoU wird in Aceh das »Memorandum of Understanding« bezeichnet, der Friedensvertrag, den die indonesische Regierung und die Bewegung Freies Aceh (GAM) am 15. August 2005 unterzeichnet haben.

Er sitzt im Schneidersitz auf der Terrasse des halbfertigen Pfahlhauses, das direkt vor dem Eingang des Schlafsaals der Mädchen steht. Ab und an schaut er auf den Hof. Es nieselt immer noch. Er trägt ein kurzärmeliges Hemd und einen Sarong. Er ist mittelgroß und seine Haut dunkelbraun wie die der meisten Menschen in Aceh. Die Religionsschule Markas Al Ishlah Aziziyah hat er im Jahr 2001 gegründet. Das Haus, in dem die Mädchen untergebracht sind, war 2002 fertig. Das Haus der Jungen neben dem Teich war eine Wiederaufbauspende des Außenministeriums nach dem Tsunami. Ein Offizier des Militärs hat wiederum das Grundstück gespendet. Insgesamt gibt es 16 Zimmer, in denen zwei oder vier Kinder wohnen. Alles in allem leben hier 80 Jungen und 50 Mädchen, für deren Schulausbildung von der Grundschule bis zur mittleren Reife Bulqaini verantwortlich ist.

Wie gelingt es ihm, die Rachegefühle aus den Herzen der Kinder zu vertreiben? »Ich erzähle ihnen, dass es Schicksal war, dass ihre Eltern ermordet wurden, und es so besser ist, denn die Sünden der Ermordeten müssen von ihren Mördern verantwortet werden«, erklärt Bulqaini. Eigentlich bräuchte es auch einen Psychologen, der sich um die Traumaarbeit mit den Kindern kümmert, sagt er. Dafür fehle es aber am nötigen Geld.

Auf dem Hof laufen einige Mädchen geschäftig mit Tellern und Kochtöpfen umher. Sie sind dabei, das Essen für das Fastenbrechen vorzubereiten. Es ist bereits sechs Uhr abends. Heute ist der vierte September, der vierte Tag des Ramadan. Maulidar läuft auch über den Hof in Richtung des Mädchenhauses. Bulqaini erzählt, dass ihr Vater GAM-Mitglied war und vom indonesischen Militär ermordet wurde. Maulidar wurde eines Tages vom Militär abgeholt, um ihren Vater zu suchen. Sie fanden ihn damals zwar nicht, aber erschossen wurde er dann später doch. All das erzählt Bulqaini, während er auf den Hof schaut. Lachend fügt er hinzu: »Maulidar ist stark. Sie trägt den Reissack mit nur einer Hand.«

Bulqaini war GAM-Mitglied, hat mit der Waffe in der Hand im Krieg gekämpft. Bis ein Vorfall sein Leben veränderte. Er hatte eines Tages ein Wochenmagazin in der Hauptstadt Banda Aceh gekauft, kurz nachdem der Status Acehs als militärisches Operationsgebiet (DOM) aufgehoben worden war. Die Titelseite der Zeitschrift zeigte Generalleutnant Prabowo Subianto, der damals die Spezialstreitkräfte (*Kopassus*) des indonesischen Militärs befehligte. Von Banda Aceh fuhr Bulqaini dann nach Seulimeum, um seinen alten Lehrer zu besuchen, der dort eine islamische Religionsschule für Waisenkinder leitete. Im Waisenhaus zeigte er den Kindern zum Zeitvertreib das Titelbild der Zeitschrift. Sie kommentierten es unisono mit: »Das ist das Bild von einem Ungläubigen, dem Mörder unserer Eltern.«

Bulqaini ist lange in Gedanken versunken. Plötzlich erinnert er sich an einen indischen Film. »Amitabh Bachchan hat mich inspiriert. In dem Film sagt er, dass das Feuer der Rache durch nichts und niemanden gelöscht werden könne, außer durch denjenigen, der es empfindet.« Amitabh Bachchan ist der bekannteste indische Schauspieler. »Es gibt zwei Wege, das Feuer der Rache zu löschen: Religion und Wohlfahrt. Das ist der Grund, weshalb ich mich um Kinder, die zu Konfliktopfern wurden, kümmere – sei es durch das indonesische Militär oder durch die GAM.

Laut Statistiken der Religionsbehörde Acehs gibt es in der Provinz 879 islamische Internate (*dayah*). Jedoch nur das *dayah* Markaz Al Ishlah Al Aziziyah kümmert sich speziell um Kinder, die Opfer des Konfliktes geworden sind. Das einzige regelmäßige Einkommen des *dayah* stammt von einem Plantagenunternehmen aus Langsa im Osten Acehs. Diese 350 Euro im Monat reichen natürlich hinten und vorne nicht. »Aber für Kinder spenden die Menschen immer«, sagt Bulqaini.

Es war auch seine Idee, das Stück Land zu kaufen, auf dem jetzt der künstliche Teich angelegt ist, um darin Fische zu züchten. Das Geld aus dem Verkauf der Fische nutzt er für die Finanzierung der Schule. Von der Terrasse des Pfahlhauses aus sehe ich, dass die Tür zu Intans Zimmer jetzt geschlossen ist. Das Nieseln ist in Regen übergegangen. Bulqaini sagt noch, dass viele der Kinder nun in die Pubertät kommen, was gefährlich sei. Zum Glück liege der Teich ja zwischen den Schlafsälen.

Alles für ein freies Aceh

Von Anfang April bis Anfang Mai 2009 kommt der Regen pünktlich nachmittags. Khalidin Daud oder Abu Khalidin, wie er genannt wird, schlägt mir am Telefon vor, am nächsten Tag schon morgens nach Geumpang aufzubrechen. »Wenn wir in den Nachmittag hineinfahren, könnte die Straße wegen des Regens zu rutschig sein«, sagt er.

Khalidin war der erste Gouverneur von »Freies Aceh« beziehungsweise der »Bewegung Freies Aceh« (GAM), der Name, unter dem jeder die Bewegung kennt. Er ist 59 Jahre alt und lebt im Dorf Ukee Ceue im Bergdistrikt Pidie. Er wird mir heute seinen besten Freund Syamsudin bin Ahmad, besser bekannt unter dem Namen Geuchik Din, vorstellen. Er war ein GAM-Kämpfer der ersten Generation und einer der Ideologen der Widerstandsbewegung.

Laut Khalidin ist der Weg zu Geuchik Dins Haus voller Schlaglöcher, und in der Regenzeit kommt es immer wieder zu Schlammlawinen. Deshalb empfiehlt Khalidin, dass wir uns bereits am Nachmittag wieder auf den Rückweg machen. Bei Dunkelheit und starkem Regen kann der Fahrer weder die Schlaglöcher noch die Lawinen vorhersehen.

Die Fahrt nach Geumpang ist Teil eines Films, den ich über die Geschichte der GAM drehe. Ich werde einige ehemalige Kämpfer verschiedener Generationen interviewen, die älteste Generation eingeschlossen. Es geht mir vor allem darum, diese Zeitzeugen im Film festzuhalten. Azhari, Direktor des Kunst- und Kulturvereins *Komunitas Tikar Pandan* und acehischer Schriftsteller, hat mir seine

Kamera geliehen und ein Vereinsmitglied gebeten, mir bei den Dreharbeiten zu helfen. Der Film ist eine Zusammenarbeit zwischen dem von mir gegründeten Internetportal *Aceh Feature* und *Komunitas Tikar Pandan*. Unser Projekt hat weder einen Sponsor noch einen fixen Zeitplan. Ich habe also nur so viel Zeit, wie das Geld reicht, das ich bei mir trage.

Aber der Plan von Khalidin geht nicht auf. Einigen Leuten im Team mangelt es offenbar an der notwendigen Disziplin. Teuku Zulfahmi oder besser Fahmi, wie er gerufen wird, Fajri und Darussalam holen mich erst Schlag 12.30 Uhr an einem Brathühnchenrestaurant in Peunayong ab. Sie sind drei Stunden zu spät.

Fahmi ist der ehemalige Generalsekretär der *Partai Gabthat*, einer der neuen lokalen Parteien Acehs, die von religiösen Gelehrten (*ulama*) gegründet wurde und ihre Wählerbasis in den traditionellen Koranschulen Acehs (*dayah*) hat. Die Partei konnte allerdings bei den Parlamentswahlen am 9. April 2009 in Aceh nicht antreten, weil sie die formalen Teilnahmekriterien nicht erfüllt hatte. Fahmi ist Vater dreier Söhne. Er trägt ein kurzärmeliges Hemd, knöchellange Hosen und glänzende schwarze Schuhe. Seine ältere Schwester Cut Nur Asikin hat als Unterhändlerin der GAM an früheren Friedensverhandlungen mit der indonesischen Regierung teilgenommen und war nach deren Scheitern zu einer 14-jährigen Gefängnisstrafe verurteilt worden. Im zweiten Jahr ihrer Haft verwüstete der Tsunami Aceh und machte das Gefängnis in Lhok Nga, in dem sie inhaftiert gewesen war, dem Erdboden gleich. Am Nachmittag desselben Tages hatte sich Fahmi von einem alten Lastwagen in Richtung Lhok Nga mitnehmen lassen und war den Rest des Weges bis zum Gefängnis gelaufen, um seine Schwester zu suchen. Alles, was er vorfand, war eine verwüstete Fläche, auf der drei bewaffnete Soldaten verwirrt umherliefen. Ihn beschimpfen konnten sie allerdings noch. »Einige Tage später sagte mir jemand, er habe die Leiche meiner Schwester gesehen. Ich weiß nicht, ob es wahr ist. Vermutlich liegt Kak Cut in einem der Massengräber«, erzählt er.

Fajri ist ein Neffe von Ismail Hasan Metareum, einem führenden Politiker der Vereinigten Entwicklungspartei (PPP), die ihre Parteizentrale in der Hauptstadt Jakarta hat. Ismail ist der jüngere Bruder seiner Mutter. Trotzdem war Fajri nie Mitglied einer Partei. Politik mag der Vater zweier Kinder nicht. Bevor Fajri Fahrer von Mietwagen wurde, hat er als LKW-Fahrer gearbeitet. Er ist dünn und seine Haare erinnern an die Stacheln eines Stachelschweins. Er wirkt eher wie ein Jugendlicher. Ich habe ihn durch Fahmi kennengelernt. Die beiden sind Sandkastenfreunde. Seitdem Ismail gestorben ist, ist die Beziehung der beiden Familien im Dorf nicht mehr besonders eng. In Fajris Erinnerung war Ismail ein sehr höflicher und warmherziger Mensch, der keinen Unterschied zwischen den Menschen gemacht hat. Der Hintergrund eines Menschen war ihm egal. Metareum ist übrigens der Name ihres Dorfes. In Aceh ist es sehr verbreitet, sich seinen Geburtsort als Beinamen zu geben.

Darussalam oder auch Darus, wie er genannt wird, ist ein jüngerer Cousin von Yahya Muad, dem Generalsekretär der Aceh-Partei. Er macht einen eher gewöhnlichen Eindruck und spricht nicht viel, eigentlich nur dann, wenn er angesprochen wird. Sein Lachen ist nicht ganz so laut wie das der Anderen, wenn es gilt, eine lustige Geschichte zu goutieren. Ganz im Gegensatz zu seinem Cousin ist er nicht an Politik interessiert. »Wir entstammen einer Familie von Widerstandskämpfern«, erzählt er mir. Schon ihr Großvater war früher auf Java inhaftiert gewesen. Nachdem er jahrelang in der Hauptstadt Jakarta gelebt hat, wo seine Frau als Beamtin arbeitet, ist er nach Aceh zurückgekommen, um bei den Wahlen dabei sein zu können. »In der Provinzverwaltung in Aceh gibt es die Abteilung nicht, in der seine Frau in Jakarta arbeitet. Er möchte, dass sie nach Aceh wechselt, aber die Abteilung, wie auch immer die heißt, gibt es hier einfach nicht«, sagt Fahmi lachend. Darus kommentiert die Erklärung mit einem Lächeln.

In der Gegend Batei halten wir vor einer Moschee, die zu einem *dayah* gehört. Fahmi steigt aus, während Fajri, Darus und ich im Auto bleiben. Er holt Teungku Fakhrul ab, den früheren Adjutanten von Abdullah Syafii. Abdullah Syafii war Oberbefehlshaber der GAM, bis er im Januar 2002 vom indonesischen Militär erschossen wurde.

Fakhrul ist ordentlich angezogen, trägt wie Fahmi ein Hemd, eine Hose und Lederschuhe. Er kommt gerade von einem Festessen (*kenduri*). Wir fahren weiter nach Pidie, wo wir Khalidin abholen. Fakhrul hatte sich gleich zu Beginn der Fahrt neben mir auf der Mittelbank platziert. Fajri sitzt am Steuer. Neben ihm Fahmi. Darus hat die ganze Rückbank für sich.

Während der gesamten Fahrt diskutieren Fakhrul und Fahmi die kurze Heimkehr von Hasan di Tiro, dem Gründer und Führer der GAM, aus dem Exil in Schweden im November 2008. Als Tiro in einem Haus in Pidie weilte, wollte Teungku Ishak, ein Kampfgenosse der ersten Stunde, mit ihm sprechen, weil er sich in den Kopf gesetzt hatte, mit ihm zurück nach Schweden zu fliegen. Er hat alle Söhne im Konflikt zwischen der GAM und der indonesischen Regierung verloren. »Der Begleiter des Wali, vielleicht war es Malik Mahmud, sagte, er solle erst einmal nicht hereinkommen. ›Sei still, ich habe etwas mit Teungku Hasan zu besprechen, ich will mit ihm zurück nach Schweden. Er hat mich hier vor langer Zeit zurückgelassen, obwohl er damals am Telefon sagte ›Hallo, hallo, sie kommen jeden Moment. Wir sind im Belagerungszustand. Die Amerikaner sind schon da!‹ Das hat er gesagt.‹ Dann ist er verschwunden und nicht wiedergekommen«, erzählt Fakhrul die Geschichte von Ishak und lacht dabei lauthals.

In Aceh wird Hasan di Tiro *wali* genannt. Es bedeutet wörtlich soviel wie Bewahrer oder Beschützer. Wir alle stellen uns vor, wie der große Anführer damals in einen Wecker sprach und so tat, als telefoniere er mit den Amerikanern, die jeden Moment Indonesien angreifen würden. Daraufhin brechen alle im Auto in schallendes Gelächter aus.

Ich frage, wer die Geschichte von Teungku Ishak erzählt hat. »Das ist ein offenes Geheimnis, Linda. Wenn du mal Gelegenheit hast, privat mit dem Wali zu sprechen und niemand anderes dabei ist, wird er es dir bestätigen«, sagt Fakhrul. Teungku Ishak ist dann tatsächlich mit Hasan di Tiro nach Schweden geflogen. Ich frage, ob er das denn selbst bestätigt habe. »Ja, Teungku Ishak hat Abu Muslimin angerufen und es ihm erzählt. Er sagte, er habe sich auch beim Wali beschwert, dass die junge Kämpfergeneration von der alten vergessen werde. Der Wali habe ihm gesagt, dass die ältere Generation eben einen Traum gehabt habe und jetzt damit leben müsse, dass die jüngere Generation darunter leidet«, sagt Fakhrul.

Teungku Ishak, Apa Gani alias Abdul Gani und Abu Muslimin alias Teungku Harun sind drei Kämpfer der ersten Stunde, die an der Seite von Hasan di Tiro für die Unabhängigkeit Acehs gekämpft haben und heute noch leben.

Fakhrul holt einen Stoß Briefe und das Foto eines Mannes aus seiner Plastiktasche. »Das ist mein Bruder«, sagt er. Der dünne Mann auf dem Foto hat ungepflegtes Haar. Fakhrul zeigt mir auch die Briefe, die bereits ziemlich vergilbt, aber noch lesbar sind. Der Verfasser der Briefe ist Teungku M. Rasyid Meuraxa. »Soweit ich weiß, war er damals dem Oberbefehlshaber Daud Paneuk unterstellt, der die Guerilla in den Bergen angeführt hat«, sagt Fakhrul.

Daud Paneuk war Mitglied der Darul-Islam-Bewegung in Aceh und ein Mitstreiter von Generalmajor Daud Beureueh. Ab 1953 führte der damalige Militärgouverneur von Aceh, Langkat und dem Karoland eine Rebellion gegen die Republik Indonesien an. Er erklärte Aceh zum Teil der Darul-Islam-Bewegung, die auf Java, angeführt von Sekarmadji Maridjan Kartosoewirjo, bereits 1947 begonnen hatte. Grund für die Rebellion in Aceh war die Weigerung des ersten Präsidenten Sukarno, Aceh eine Sonderautonomie zuzugestehen; Aceh wurde stattdessen in die Provinz Nord-Sumatra integriert. Dieser Schritt hat die Unterstützerbasis der Masyumi, der islamischen Partei, der Daud Beureueh angehörte, verringert. In der Regierungszeit Sukarnos arbeitete die Masyumi mit der Sozialistischen Partei Indonesiens (PSI) zusammen, um mit Hilfe amerikanischer Waffen seine Regierung zu stürzen. Letztlich musste sich Daud Beureueh geschlagen geben. Seine Mitstreiter erhielten Posten in der Regierung und im Militär Indonesiens. Daud Paneuk kämpfte jedoch weiter. Er war mit Guerillataktiken bestens vertraut und daher von Hasan di Tiro, der selbst Mitglied der Darul Islam gewesen war, rekrutiert worden, um seine erste Kämpfergeneration zu verstärken.

»Wer ist Rusli Ahmad?«, frage ich, nachdem ich seinen Namen in einem der Briefe von Teungku Rasyid entdeckt habe. »Das ist mein älterer Bruder. Der Brief bevollmächtigt ihn, eine Position als Nachwuchsführer der GAM im *sagoe* Geumpang Baru im Distrikt Pidie zu übernehmen. Ein *sagoe* umfasst ein Gebiet, das in etwa einem *kecamatan* (Subdistrikt) entspricht. Der Brief stammt aus dem Jahr 1981. Bisher hat niemand über Teungku Rasyid geschrieben. Er war Sicherheitskommandant für die Region (*wilayah*) Pidie und hatte Kontakte in ganz Aceh. In der Sprache von *Aceh Merdeka* (AM, Freies Aceh)* war das vergleichbar mit einem Kommandanten des indonesischen Geheimdienstes (*Badan Intelijen Negara*, BIN)«, erzählt Fakhrul. Rusli wurde 1992 bei einem Feuergefecht mit dem indonesischen Militär in Temprung, Lamlo, erschossen und dort auch beerdigt.

Im Briefkopf steht »Islamic State of Atjeh Sumatera«. Offenbar war die Fraktion der Darul Islam in der Entstehungsphase der GAM sehr einflussreich. Hasan di Tiro selbst war säkular eingestellt, im Westen ausgebildet worden und hatte an der Universität von Columbia in den USA einen Doktor in Rechtswissenschaften erworben. Er hat nie die Errichtung eines islamischen Staates propagiert, sondern den acehischen Nationalismus begründet und dann begonnen, Leute um sich zu scharen, um einen bewaffneten Kampf gegen den, wie er ihn nannte, »javanischen Kolonialismus« zu führen.

Fakhrul erklärt mir, dass ich die Briefe zwar lesen, aber nicht vervielfältigen dürfte. »Das Einzige, das von Kommandant Rasyid übrig ist«, sagt er ernst, »sind diese Briefe. Ich denke, sie sind vergleichbar mit dem Mandat, das der Wali von Tengku Cik di Tiro erhalten hat. Wenn unser Kampf auf Abwege geraten sollte, kann ich ihn mit diesen Briefen als Legitimation wieder zurück auf den rechten Weg führen.«

* Ursprünglich firmierte die *Aceh/Sumatra National Liberation Front,* so die englischsprachige Bezeichnung der Bewegung, in Aceh unter dem Namen *Aceh Merdeka* (Freies Aceh). Ende der 1980er Jahre entwickelte sich daraus die Bezeichnung *Gerakan Aceh Merdeka* (GAM, Bewegung Freies Aceh).

Khalidin Daud wartet vor seinem Haus auf uns. Sein Kopf ist mit einer weißen *kopiah* bedeckt. Aus seiner Hemdtasche ragt ein Kugelschreiber. Er trägt eine Brille. Sein Bart ist so weiß wie seine *kopiah* und sein Hemd. In acht Monaten wird der Lehrer an einer Mittelschule (SMP) in Sigli in Pension gehen.

Khalidin wirkt zwar nicht verärgert, schlägt dann aber doch mehrfach vor, das Treffen abzusagen. Schließlich sei die Abfahrt ja für den Morgen geplant gewesen. Überdies habe er heute vier Einladungen. Am Ende räumt er dann letztlich doch ein, dass unser Vorhaben wichtiger als seine Einladungen sei. So fahren wir also in Richtung Geumpang zum Haus von Geuchik Din.

Khalidin sieht nicht gerade gesund aus. Ein Eindruck, der durch sein stetes Husten noch verstärkt wird. Er erzählt, dass Geuchik Din einer der ersten Mitstreiter des *Wali Neugara* gewesen sei. »Er ist ganz und gar nicht mit der heutigen Selbstbereicherung und der Ignoranz gegenüber den Waisen und Witwen, die Opfer des Konflikts geworden sind, einverstanden«, sagt Khalidin über den Mann, den wir gleich treffen werden. Ich frage ihn, wie oft er Geuchik Din treffe. »Er besucht mich fast jeden Monat zu Hause«, erzählt er. Er sei so etwas wie ein älterer Bruder, der alles gerade heraus anspricht. Zwischen ihnen gebe es keine Tabus. Ich frage ihn, was die Beiden so besprechen, wenn sie sich treffen. »Es geht um Familie und Privates. Was sollen wir noch groß über den (Unabhängigkeits-) Kampf sprechen? Seit dem MoU ist der Kampf beendet. Die Früchte des Kampfes genießen diejenigen, die etwas davon abbekommen und das Verlangen danach haben. Wir haben nichts davon«, sagt er.

Geuchik Din arbeitet auf einer Kaffeeplantage. Vor dem Tsunami züchtete er Hühner und Enten. Sohn und Frau hat er beim Tsunami verloren. Sein Sohn hatte sich eigentlich schon in Sicherheit gebracht und starb dann doch auf der Suche nach seiner Mutter. Seine Tochter lebt in der Hauptstadt Banda Aceh. Er selbst wohnt mit seiner jüngeren Frau, die laut Khalidin auch nicht mehr ganz so jung ist, in Geumpang. Fakhrul erklärt weiter, dass Geuchik Dins Frau die Witwe eines seiner Mitarbeiter ist. Als ihr Mann Muhammad Alibin starb, hinterließ er seine Frau und acht Kinder.

Khalidin wendet sich der Vergangenheit zu und erzählt, dass er, bevor er Gouverneur wurde, der Buchhalter der GAM war. In den 1990er Jahren sammelte er zwei Milliarden Rupiah (circa 150.000 Euro) bei der Bevölkerung. Damals hatte die Regierung große Infrastrukturprojekte für die dörfliche Entwicklung aufgelegt. 20 Prozent dieses Geldes wurden für den Kampf der GAM abgezweigt. Letztlich musste er den Buchhalterposten aufgeben, weil die Behörden von seiner Rolle erfahren hatten und er bereits gesucht wurde. Zwischenzeitlich versteckte er sich in Jakarta, kehrte dann aber nach Aceh zurück. In den Jahren des militärischen Notstands von 2002 bis 2003 war er sieben Monate inhaftiert. Er nennt diese Zeit die »Ära Mega« und meint damit die Präsidentschaft von Megawati Sukarnoputri. So kommen wir auch auf die Präsidentschaftswahlen im Juli 2009 zu sprechen. Drei Kandidatenpaare treten zur Wahl an: der amtierende Präsident Susilo Bambang Yudhoyono (SBY) gemeinsam mit Boediono, Jusuf Kalla mit Wiranto und Megawati Sukarnoputri mit Prabowo Subianto.

»Ich denke, dass die GAM SBY wiederwählen wird. Die Leute sind immer noch zufrieden mit ihm. Sein Vize spricht auch dafür. Obwohl viele Parteien nicht froh über ihn sind, ist er ein Wirtschaftsexperte und lebt bescheiden«, sagt Khalidin. »Wenn die anderen beiden Kandidatenpaare gewinnen, sieht es für Aceh nicht gut aus. Wiranto hat mal gesagt, die Menschen in Aceh brauche niemand, nur das Land. Prabowo hat auch ein Problem mit den Leuten hier in Aceh.«

Ich frage ihn nach potentiellen politischen Führern für Aceh aus der jüngeren Generation und möchte wissen, wer in seinen Augen der Beste ist, um Aceh zukünftig zu führen. Er erklärt mir: »Wer auch immer Aceh anführt, wird dies im Rahmen des indonesischen Einheitsstaates (*Negara Kesatuan Republik Indonesia*, NKRI) tun. Es gibt keine Bewegung Freies Aceh mehr. Der Wali, Hasan di Tiro, hat einmal gesagt, wenn wir die Unabhängigkeit nicht jetzt erringen, werden wir sie niemals erringen. Damals war er sehr optimistisch. Aber was uns jetzt bleibt, ist das Recht, die Autonomie zu akzeptieren.«

»Während der holländischen Kolonialherrschaft gab es den Radiosender *Rimba Raya* (der Urwald), der von Banda Aceh aus sendete. Er hat nicht nur die Idee eines unabhängigen Indonesiens verbreitet, sondern auch darüber berichtet, wie Aceh das erste Flugzeug für die junge Republik Indonesien spendete. Es ist also ganz unmöglich, dass Aceh Indonesien den Rücken kehrt. Aceh ist der Kopf Indonesiens. Ohne Aceh ist Indonesien kopflos«, fährt er fort.

Ich frage ihn, wie es um die Stärke der GAM stand, als der Friedensvertrag 2005 unterzeichnet wurde. »Die war nach wie vor existent. Lediglich die Logistik war problematisch. Am zivilen Notstand (*darurat sipil*) von 2004 bis 2005 konnte ich wenig Ziviles erkennen. Das Militär hat trotzdem weiter Operationen durchgeführt. Insektenbekämpfung nannten wir das. Was knapp wurde in dieser Zeit, war das Essen, unser Mut allerdings nicht.« Ich frage ihn, ob es mit dem Tsunami zu tun hatte. »Nein! Es waren die Abwehrmaßnahmen des Militärs, das zehntausende Soldaten stark war. Zu diesem Zeitpunkt waren beide Seiten, sowohl die GAM als auch das indonesische Militär, schon sehr ausgelaugt. Hätte der Krieg noch weitere fünf Jahre gedauert, wäre die Regierung auch mit untergegangen. Die GAM war damals soweit, dass sie anstelle der Patronen Guaven verwendete«, sagt er lachend. Im Auto bricht plötzlich schallendes Gelächter aus.

Links und rechts zieht der Dschungel an uns vorüber. Es regnet in Strömen. Der Wagen rast weiter. Plötzlich deutet Fakhrul in den Wald rechts von uns und sagt: »Hier bin ich mal angeschossen worden. Dort oben war unser Hauptquartier. Damals hatten wir 700 Leute, 300 Frauen und 400 Männer. Ich habe hier einmal sechs Monate als Ausbildungsassistent verbracht. Der Wald heißt *Keumala Dalam* (tiefer Stein).« Ich frage ihn, in welchem Jahr es zu dem Schusswechsel gekommen sei. »Vor der Pause«, sagt er. Der Begriff Pause bezieht sich auf die sogenannte »Humanitäre Pause«, ein Waffenstillstandsabkommen, das im Mai 2000 zwischen der GAM und der indonesischen Regierung vereinbart worden war. Kurz darauf brach der Krieg erneut aus.

In der Gegend Tangse deutet Fakhrul auf den Wald links von uns und erzählt, dass all dies Land Zakaria Saman gehöre. Er war der »Verteidigungsminister« der GAM. Fakhrul sagt dazu: »Nach dem Friedensvertrag sind wir alle gemeinsam aus den Bergen gekommen. Wir einfachen Kämpfer haben gar nichts und ihm gehören Ländereien, dermaßen große Ländereien.« Fahmi erzählt daraufhin, dass es Zakaria Saman war, der seine ältere Schwester Cut Nur aus der Beobachterkommission zur Umsetzung des CoHA abgezogen habe.

Das *Cessation of Hostilities Agreement* (CoHA) war ein weiteres Waffenstillstandsabkommen, das am 9. Dezember 2002 zwischen der GAM und der indonesischen Regierung geschlossen wurde. Es sah vor, die Kampfhandlungen auszusetzen, um Friedensverhandlungen zwischen den Konfliktparteien aufnehmen zu können. Die Regierung unter Megawati Soekarnoputri ließ das Militär dennoch weiter gegen die GAM vorgehen und Gewalt verüben. Das Abkommen scheiterte und der Krieg brach erneut aus.

Fakhrul scheint den Vorfall zu kennen. Er erzählt: »Kak Cut und Tengku Zulfan wurden damals abgezogen. Tengku Zulfan hat es mir persönlich erzählt, weil wir in derselben Einheit gekämpft haben.« Fahmi ergänzt: »Tengku Zulfan wurde, nachdem er abgezogen worden war, vom Militär erschossen und meine Schwester zu 14 Jahren Haft verurteilt. Sie war weder auf Seiten der Indonesier noch der GAM. Vielleicht war sie auch pro-GAM, wurde aber von der GAM nicht akzeptiert und als pro-indonesisch verleumdet. Die Regierung hielt sie jedenfalls für ein GAM-Mitglied!«

Was aber war der Anlass für Zakaria, Cut Nur abzuziehen? Fahmi erzählt: »Cut Nur war sehr gesellig. Wenn ein Soldat sie mit Assalamu alaikum begrüßte, grüßte sie mit Wa'alaikum salam zurück. Sie begrüßte die Soldaten auch mit Handschlag. Zakaria verbot es ihr. Eines Tages bat ein Soldat einen von uns [GAM] um Feuer von seiner brennenden Zigarette. Statt sie ihm zu geben, drückte er sie einfach aus. Kak Cut sagte dazu nur, wenn das unsere Art zu kämpfen sei, würde es keine Verhandlungen geben, und fragte, wie wir ihre Herzen gewinnen wollten, wenn wir ihnen nicht einmal

Feuer geben würden. Für Zakaria war das die falsche Taktik. Außerdem hatte sie in Jakarta an einem Abendessen mit dem indonesischen Außenminister Hasan Wirayuda teilgenommen. Daraufhin zog Zakaria sie sofort ab.«

Cut Nur war danach von der indonesischen Regierung angesprochen worden, ob sie bereit sei, Übergangsgouverneurin von Aceh zu werden. Der amtierende Gouverneur Abdullah Puteh saß gerade eine Gefängnisstrafe wegen Korruption auf Java ab. Sie lehnte dieses Angebot genauso ab wie das, in Busang auf Kalimantan eine Goldmine zu managen. Fahmi erzählt lachend: »Die Indonesier sagten ihr daraufhin, wenn sie beides nicht wolle, könne sie ja auch ins Gefängnis gehen. Auf dieses Angebot ging sie schließlich ein und landete im Gefängnis.«

Auf der Straße, die wir entlangfahren, kam es früher häufig zu Scharmützeln zwischen dem indonesischen Militär und der GAM. »Die Gegend heißt Blang Malo. Hier war ein indonesischer Militärstützpunkt«, sagt Khalidin. Fakhrul erzählt: »Hier gab es auch Vorfälle mit unterirdischen Fallen.« »Ja hier auch«, bestätigt Khalidin mit Nachdruck. »In den Fallen waren angespitzte Bambuspfähle«, erzählt Fakhrul. Und Fahmi erklärt: »Die Aceher nennen es *igeuh*, kleiner Bambus.« Fakhrul starrt aus dem Fenster und erinnert sich: »Das Militär ist hier mit 80 Fahrzeugen angerückt und wurde dann von den Bergen aus von der GAM angegriffen. Die Soldaten sind alle in den Bambusfallen verendet. Sie brauchten einen Monat, um alle Leichen herauszuholen. Bei der Bergung schien kein Ende in Sicht.« Ich frage, wer damals das Kommando hatte. »Banda Hasan«, erzählt Fakhrul. »Er ist in einem Feuergefecht in Jeunim oder Peurelak gefallen, wenn ich mich nicht irre.« Ich frage, ob Bambusfallen die traditionelle Art der Kriegsführung in Aceh seien. Fakhrul erklärt, es sei eine Kriegslist. Die Leute würden von oben angegriffen und zögen sich automatisch ins Tal zurück. Statt im Tal landeten sie jedoch in der Falle.

Plötzlich nimmt das Gespräch eine andere Richtung. Fakhrul erklärt mir: »Wenn es derart regnet, haben die meisten Leute Angst, diese Straße zu nehmen. Deswegen brechen die Leute meist morgens nach Geumpang auf und sind um diese Zeit schon wieder auf dem Heimweg.« Es ist schon fast drei Uhr Nachmittags. Ich fange an, mir Sorgen zu machen und frage nach den Erdrutschen. »Wir fahren auf dem Rückweg über Medan und Meulaboh«, beruhigt mich Khalidin.

Wir fahren weiter. Khalidin erzählt von einem Auto, das einen Abhang hinuntergestürzt ist und viele in den Tod gerissen hat. Links von uns klafft der Abgrund. Auf einmal tut sich ein grünes Hochplateau am Horizont auf. Es ist erfrischend, nicht ständig den Abhang hinunterstarren zu müssen. Laut Fahmi beherbergt das Plateau die größte Dschinnsiedlung ganz Südostasiens. Als wir anfangen darüber zu lachen, versucht er uns davon zu überzeugen, dass es tatsächlich so sei, und erzählt, dass der König der Dschinn einst eine Frau aus einem Dorf in Pidie geehelicht habe. Fakhrul erzählt von einem Bekannten, der sich einmal auf den Berg Halimun, die Operationsbasis der GAM, zurückgezogen hatte. Als er nach Hause aufbrach, konnte er nur noch gebeugt gehen. Offenbar hatte sich ein Dschinn auf seiner Schulter eingerichtet. Murthada, unser Kameramann von Tikar Pandan, nimmt einige dieser Gesprächsfetzen mit der Kamera auf. Ab und an öffnet er das Fenster, um die Umgebung zu filmen.

Es regnet nach wie vor in Strömen. Wir parken das Auto vor einem Gebäude am Straßenrand und gehen den Rest des Weges zum Haus von Geuchik Din zu Fuß. Neben der Straße verläuft entlang eines Wohnhauses ein schmaler Pfad. Am Ende des Pfades sehe ich eine Art Brücke, an deren Stabilität ich so meine Zweifel habe. Die Hängebrücke besteht aus Seilen und Bohlen. Sie schaukelt jedes Mal fürchterlich, wenn die Leute mit den Rindern vor uns sie überqueren. Ich setze meine Füße erst auf die Brücke, nachdem der letzte Rinderhirte alle seine Tiere sicher auf die andere Seite gebracht hat. Die Brücke ist um die 100 Meter lang und schaukelt in einer Höhe von gut 40 Metern vor sich hin. Unter ihr zieht tosend ein Fluss durch und nimmt die Regentropfen mit sich. Der starke Regen trübt mir die Sicht, sodass ich die Steine im Flussbett kaum sehe. Es ist kalt und der Wind reißt an meinen

Kleidern. Am Ende der Brücke ist kein Haus zu sehen. Gestrüpp und Bäume scheinen die Siedlung vor neugierigen Blicken zu schützen.

Letztlich gelingt es mir, die Brücke zu überqueren. Der sich anschließende Pfad ist matschig und voller Pfützen. Meine Füße scheinen am Boden zu kleben. Sobald sie den Schlamm berühren, kann ich sie kaum wieder heben. Der schmale Pfad, der sich durch Bäume und Gestrüpp schlängelt, führt mich zu Geuchik Din, dem Mann, den Khalidin einen der ersten Kämpfer der GAM nennt.

Das Haus des alten Kämpfers ist halb verfallen. Seine Kleider sind abgetragen und voller Flicken. Einst schickte dieser Mann 16 Mitglieder der GAM auf eigene Rechnung nach Libyen zur Guerillaausbildung. Er war ein erfolgreicher Bauunternehmer, für den selbst Zakaria Saman gearbeitet hat. Die Wände des Hauses sind aus hellgrün gestrichenen Brettern zusammengezimmert. Alles wirkt alt und abgenutzt. Als ich über die Türschwelle trete, stehe ich auf einer blauen Plastikplane, mit der der Raum ausgelegt ist. Im Vorraum des Hauses stehen weder Tisch noch Stühle für die Gäste. Vor der Eingangstür liegt lediglich eine Matte aus geflochtenen Blättern der Sagopalme. Meine Begleiter beschweren sich über Blutegel, die uns offenbar ins Haus gefolgt sind. Der Hausherr erklärt, das sei bei diesem Wetter ganz normal.

Geuchik Din begrüßt seinen Freund Khalidin herzlich. Er freut sich ganz offensichtlich, scheint aber auch auf der Hut vor all den unbekannten Leuten zu sein, die plötzlich sein Haus bevölkern. Fahmi erklärt ihm den Grund unseres Besuches. Daraufhin nickt er mit einem Lächeln auf den Lippen und bittet uns, auf dem Boden Platz zu nehmen. Dann verschwindet er im Hinterzimmer. Seine Tochter bietet uns Wasser mit Sirup an. Als Geuchik Din zurückkommt, hat er eine graue Jacke und ein weißes Hemd mit Kragen an. Dazu trägt er einen grau-grün karierten Sarong und eine weiße *kopiah*. Vielleicht seine beste Kleidung.

Geuchik Din ist Jahrgang 1932 und hat eine islamische Grundschule (SRI) besucht. »Im November 1975 wurden wir aus Geumpang von Teungku Muhammad Hasan di Tiro gebeten, nach Tiro zu kommen. Am 30. November 1975 machten wir uns dann zu viert auf den Weg. Geuchik Pakeh, Pawang Rasyid, ich und Wahab Cut, der schon verstorben ist. Am 4. Dezember 1976 wurde Aceh schließlich im Dorf Kluk Kak im Subdistrikt (*kecamatan*) Tiro für unabhängig erklärt. Wir waren ungefähr 40 Leute«, erinnert er sich. Laut Geuchik Din gab es in dieser Zeit zwei Achsen der GAM, eine in Pidie und eine in Geumpang. Nach der Erklärung fing er an, Leute für den Unabhängigkeitskampf zu rekrutieren. 1977 wurde er zum ersten Mal wegen seiner politischen Aktivitäten verhaftet. »Ich wurde einen Monat lang im Subdistrikt festgehalten und am Feiertag der Hadsch gegen Mittag wieder freigelassen. Dem Feiertagsgebet durfte ich nicht beiwohnen«, erzählt er. 1979 wurde er erneut verhaftet, nach Sigli gebracht und dort zu drei Monaten Haft verurteilt. Im Anschluss verlegte man ihn in die Provinzhauptstadt Banda Aceh, wo er zwei weitere Jahre im Gefängnis verbrachte.

»Nachdem sie mich freigelassen hatten, bin ich wieder zurück ins Dorf. Dort wartete eine Nachricht vom Oberbefehlshaber Daud Paneuk auf mich. Ich sollte nach Meulaboh aufbrechen und Flugblätter, die Hasan di Tiro gemacht hatte, unters Volk bringen, um die Menschen dort für den Kampf zu gewinnen.« Er veranstaltete zwei Sitzungen an aufeinanderfolgenden Abenden, an denen ungefähr 80 Leute teilnahmen. Ich frage ihn, was er an diesen Abenden gesagt habe. »Ich erklärte ihnen, dass Teungku Hasan di Tiro zurückgekehrt sei, um Aceh zu befreien, weil wir uns seit der Zeit von Sultan Iskandar Mudah nie einer Fremdherrschaft ergeben haben und wir den ewigen Kampf unserer Vorfahren für ein freies Aceh weiterführen müssen.« Als er nach Westaceh kam, gab er vor, Land für den Reisanbau kaufen zu wollen, um seine eigentliche Mission vor den Behörden zu verschleiern. 1982 wurde er erneut verhaftet. Trotz der ständigen Verhaftungen hat er sich nie einschüchtern lassen. 1990 wurde er schließlich zum letzten Mal inhaftiert und in der Haft schwer gefoltert. In seiner Akte wurde letztlich vermerkt, er sei gebrochen. Die Spuren der Folter sind bis heute sichtbar. Er hat zwei große Wülste an den Schultern. Die Knochen waren an diesen Stellen zertrümmert. Auch das Laufen fällt ihm schwer.

»Aber ich kämpfe nach wie vor für ein freies Aceh, weil ich es geschworen habe. Dafür stehe ich mit meinem Leib, meiner Seele und meinem Vermögen ein. Für mich gibt es nichts anderes. Es gibt keinen Frieden. Es gibt kein Aufgeben«, erklärt Geuchik Din. »Was ist mit Autonomie?«, wirft Khalidin ein. »Das ist keine Option. Auch wenn alle meine Kameraden gefallen sind, ich würde mich immer wieder für die Freiheit entscheiden. Ich habe es vor Gott geschworen. Ich werde diesen Leuten nicht folgen. Ich möchte diese Leute nicht treffen. Ich habe nie mit ihnen an einem Tisch gesessen. Diese Leute haben sich ergeben. Wäre es ein richtiger Frieden, hätten sie nicht die Waffen zerstört. Sie haben Aceh an die Javaner verkauft. Sie haben sich für die Annehmlichkeit entschieden und treten das Blut ihres Volkes mit Füßen«, sagt er laut und seine Stimme überschlägt sich.

Wir sitzen mit verschränkten Beinen auf der Matte und hören Geuchik Din zu. Murthada filmt das Geschehen. Geuchik Din spricht Indonesisch und erklärt, dass der Zeitpunkt, Acehisch als verpflichtend zu erklären, erst dann gekommen sei, wenn Aceh wirklich unabhängig sei. Er wehrt sich dagegen, als Angehöriger einer acehischen Ethnie zu gelten. »Ich gehöre zum Volk Acehs, genauso wie die Javaner zum Volk der Javaner und die Dayak auf Kalimantan zum Volk der Dayak gehören. Alle Inselbewohner gehören einem Volk an, aber Indonesien macht sie alle klein, macht sie zu Ethnien.«

Wir müssen die Filmaufnahmen schließlich abbrechen, weil Murthadas Vertrag nicht verlängert werden kann, wie mir Azhari am Telefon erklärt. Er verspricht, einen neuen Kameramann zu besorgen.

Am 31. Mai 2010 treffe ich Apa Gani an einer Kreuzung namens »Mitgefühl« in Banda Aceh. Die sengende Hitze fühlt sich an, als würde sie die Haut verbrennen. Die Straße ist staubig. Apa Gani wartet neben einem Kiosk auf mich. Er ist dünn, seine Haut sehr dunkel und seine Haare sind schlohweiß. Er trägt ein langärmeliges, schwarz-weiß gestreiftes Hemd, eine schwarze Hose, schwarze Gummisandalen und eine Brille. »Ich kann kaum noch was sehen. Die Brille reicht schon nicht mehr aus,« erklärt er mir lachend. Er kommt gerade aus dem Provinzkrankenhaus Zainoel Abidin, wo er Hasan di Tiro besucht hat, der dort auf der Intensivstation liegt. Er hat ihn kaum wiedererkannt.

Apa Gani ist 65 Jahre alt. »Ich wurde im Jahr der Niederlage der Japaner geboren«, erklärt er mir. *Apa* bedeutet Onkel im Acehischen. Bevor er sich der GAM anschloss, hat er in der Landwirtschaft gearbeitet. »Ich habe Chili und so einiges anderes angepflanzt«, erzählt er. Nach dem Friedensschluss fing er wieder mit der Landwirtschaft an. Er hat nie eine Schule von innen gesehen. »Ich kann ein bisschen lesen und schreiben«, sagt er. Kommandant Rasyid und Geuchik Umar haben ihn zur AM geholt. Tengku Darul Kamal erzählte mir während eines Interviews vor vier Jahren, dass Geuchik Umar als der treueste Anhänger von Hasan di Tiro galt. Kamal war auch in der ersten Generation der Kämpfer um Hasan di Tiro. Er lebt heute nicht mehr.

Geuchik Umar war der Onkel von Apa Gani. Seine drei Söhne wurden alle während des Konfliktes vom Militär erschossen. Er selbst fiel 1992 durch eine Schussverletzung, nachdem Aceh zum militärischen Operationsgebiet im Rahmen der Offensive *jaring merah* (rotes Netz) erklärt worden war. Apa Gani erzählt, dass der AM im Jahre 1976 ungefähr 150 Leute angehörten. Im Jahr 1977 seien gerade einmal 25 von ihnen übrig gewesen. »Von diesen 25 ersten Mitstreitern Hasan di Tiros haben sich nur drei bis zur Unterzeichung des Friedensvertrags von Helsinki nicht ergeben: ich, Tengku Ishak Tiro und Tengku Harun Tepi Raya (Abu Muslimin). Ich bin nicht ein einziges Mal verhaftet worden. Wenn sie mich geschnappt hätten, wäre ich längst tot.«

Das Poster mit den Konterfeis der 25 Kämpfer um Hasan di Tiro hing in jedem Militärposten und wurde von Jakarta aus im Fernsehen gezeigt. Im Juli 2005, einen Monat bevor der Friedensvertrag unterzeichnet wurde, haben die militärischen Spezialkräfte (*Ko-*

mando Pasukan Khusus, Kopassus) das Dorf Trueseb umstellt und Apa Gani gesucht. Er flüchtete in den Wald Cot Trieng und wurde bis dorthin verfolgt. »Als ich im Wald war, habe ich in einer Entfernung von nur drei Metern gehört, wie der Zugführer zu seinen Untergebenen sagte, sie sollen mich nicht erschießen, sondern lebend fangen, um an Informationen zu kommen. Alle anderen gab er zum Abschuss frei.«

Er war ganz offensichtlich geschickter als die Soldaten. Während der Verfolgung erschoss er den Zugführer und zwei seiner Soldaten mit einem alten Gewehr der Marke Springfield. Das Gewehr wurde später mit vielen anderen durch die Aceh Monitoring Mission (AMM), die die Umsetzung des Friedensvertrags zwischen der GAM und der indonesischen Regierung überwachte, zerstört.

Drei Jahre nachdem er Acehs Unabhängigkeit erklärt hatte, ging Hasan di Tiro ins Exil nach Schweden und formierte dort eine Regierung. »1990 rief mich der Wali an und wollte wissen, wie viele von uns noch übrig seien. Ich sagte, vier der 25, die sich nicht ergeben haben, haben überlebt. Der Wali sagte mir: ›Passt auf die Flagge auf und bleibt solange in den Bergen, bis Aceh frei ist. Wenn ich wieder in Aceh bin, könnt ihr herunterkommen‹«, erinnert sich Apa Gani.

Als di Tiro im Oktober 2008 das erste Mal nach Aceh zurückkehrte, informierten Mitglieder des Aceh-Übergangskomitees (*Komitee Peralihan Aceh*, KPA) Apa Gani. Das KPA ist die Nachfolgeorganisation des GAM-Militärs. »Als der Wali in Malaysia gelandet war, fragte er: ›Ist Apa Gani da? Ist da! Gesund? Gesund! Tengku Harun? Gesund! Ist Tengku Ishak gesund? Gesund! Wenn ich aus dem Flugzeug steige, möchte ich sie treffen‹, hat der Wali gesagt.«

Apa Gani war dabei, als di Tiro vom Flughafen abgeholt wurde. Aber er erkannte ihn nicht wieder. Die 30 Jahre, in denen sie sich nicht gesehen hatten, waren wohl nicht spurlos an Apa Gani vorbeigegangen. Alle waren so sehr beschäftigt damit, ihn zu begrüßen, dass man vergaß, die beiden wieder miteinander bekannt zu machen. »Erst als wir an der Gouverneursresidenz angekommen waren, machte Gouverneur Irwandi Yusuf den Wali auf mich aufmerksam. Dann lagen wir uns in den Armen und er sagte nur ›*meutuwuah. meutuwuah*‹. Viel sprechen konnte er nicht. Seine Stimme war kaum zu hören«, erinnert sich Apa Gani. *Meutuwuah* bedeutet »alt geworden«.

Apa Gani erinnert sich noch immer an das letzte gemeinsame Stück Weg mit Hasan di Tiro in den Wald von Jeunib. Von diesem Wald aus brach er mit vier Begleitern, unter ihnen Daud Paneuk, über den Seeweg nach Malaysia auf und ging von dort nach Schweden. »Seine letzte Botschaft war: ›Freunde, bleibt im Wald und bewacht den Tiger! Apa Gani, Kommandant Rasyid, ihr seid die Stützpfeiler des Volkes von Aceh.‹ In der Tasche hatte er einen kleinen Stein, der wie Zinn aussah, aber kein Zinn war. Der Wali sagte, ›Gold gibt es, Diamanten gibt es. Wir sind so reich. Aber all das wird uns von Java genommen. Das ist der Grund, weshalb wir kämpfen‹«, sagt Apa Gani zum Schluss.

Erinnerungen an Hasan Tiro

Aisyah möchte sich von ihrem älteren Bruder verabschieden. Kurz bevor der Körper von Tengku Hasan Muhammad di Tiro in das Grab hinabgelassen wird, bittet sie darum, ihn ein letztes Mal zu küssen. Das gelbe Tuch, das den Körper bedeckt, wird gelüftet. Aisyah küsst das von einem Leichentuch verhüllte Gesicht. Die Männer am Grab beginnen nun mit ihrer Arbeit. Sie lassen ihren Bruder hinab und betten ihn in sein Grab.

Immer wieder waren die Geschwister voneinander getrennt gewesen, zuletzt ganze 30 Jahre, nachdem Hasan Tiro die Unabhängigkeit Acehs von Indonesien erklärt hatte. Nun sind sie und der Mann, den sie »kleinen großen Bruder« nannte, für immer getrennt. Karim, der einzige Sohn ihres Bruders, den sie nie getroffen hat, ist nicht zur Beerdigung gekommen. Er pflegt seine Mutter in einem fernen Land, das sie auch noch nie besucht hat.

Tiro starb in seinem 85. Lebensjahr an einer Herzinfektion, an einer Atemwegserkrankung und Leukämie. Mehr als eintausend Menschen sind zum Begräbnis des höchsten Führers der Bewegung Freies Aceh beziehungsweise des »Wali«, wie er genannt wird, ins Dorf Meureu Lam Glumpang in Indrapuri gekommen. Unter den Trauernden sind Menschen jeden Alters und Hintergrunds: Erwachsene, Jugendliche, Kinder, Anwohner, Aktivisten, Politiker, Vertreter der Vereinten Nationen. Unter ihnen sehe ich Muzakkir Manaf, den letzten Oberbefehlshaber der GAM, der heute Vorsitzender der Aceh-Partei ist. Auch Irwandi Yusuf, der Gouverneur von Aceh, ist gekommen.

Der Tag neigt sich dem Abendgebet (*maghrib*) entgegen. Es ist Schlag 18.30 Uhr. Der Ruf »Allahu Akbar« (Gott ist groß) ist mehrfach laut zu hören. Er begleitet die Vereinigung von Tiros Körper mit der Erde. Einige Frauen schluchzen, andere starren auf den Boden oder liegen sich in den Armen.

Am Eingang des Friedhofs ist ein Schild mit der Aufschrift »Nationaler Heldenfriedhof Tgk Cik Ditiro« angebracht. Tiro wird neben Tengku Cik Ditiro, seinem Großvater mütterlicherseits, beigesetzt.

Der Vordenker eines unabhängigen Aceh erhielt einen Doktortitel in Rechtswissenschaft von der Universität Columbia in den USA. Während seines Studiums arbeitete er bei der indonesischen Delegation der Vereinten Nationen in der Informationsabteilung. Im Jahre 1954 sagte er sich von der Republik Indonesien los und erklärte sich selbst zum Botschafter der Darul Islam beziehungsweise des Islamischen Staates Indonesien. Zu dieser Zeit genoss er das Vertrauen von Daud Beureueh, dem ehemaligen Militärgouverneur von Aceh, Langkat und dem Karoland. Er hatte gegen die indonesische Regierung rebelliert und sich der Darul-Islam-Bewegung angeschlossen, die auf Java von Sekarmadji Maridjan Kartosoewirjo angeführt wurde. Hasan di Tiro warf dem damaligen indonesischen Premierminister Ali Sastroamidjojo vor, mit der militärischen Bekämpfung der Darul Islam in Java, Sulawesi und Kalimantan ethnische Säuberungen durchzuführen, und forderte ein Ende der Militäroperationen.

Trotzdem Beureueh seinen Kampf letztlich 1959 aufgegeben hatte und seine Anhänger ins indonesische Militär und andere Regierungsinstitutionen eingetreten waren, weigerte sich Hasan di Tiro beharrlich, es ihnen gleich zu zun. Er scharte einige ehemalige Anhänger der Darul Islam um sich, um den Kampf mit einer anderen Strategie fortzuführen. Dieses Mal sollte nicht im Namen des Islam, sondern im Namen des acehischen Nationalismus gekämpft werden. Die Regierung Indonesiens wechselte. Sukarno war nicht länger an der Macht. Tiro schlug General Suharto, dem neuen Machthaber, eine föderale Struktur Indonesiens vor, was dieser harsch zurückwies und anordnete, Tiro zu verhaften. Eine friedliche Lösung des Konfliktes konnte es von indonesischer Seite nicht geben.

1974 kehrte Hasan di Tiro nach Aceh zurück, das er mehr als 20 Jahre lang nicht besucht hatte. Im September 1976 machte er sich erneut auf den Weg nach Aceh. Am 4. Dezember desselben Jahres erklärte er die Unabhängigkeit Acehs von Indonesien und führte fortan den bewaffneten Kampf gegen die Republik. Zwei Jahre danach flüchtete er aus Aceh und setzte den Kampf aus dem Exil in der schwedischen Kleinstadt Norsborg nahe Stockholm fort. Als der Tsunami in den Morgenstunden des 26. Dezember 2004 Aceh traf, war die GAM durch die indonesische Militäroffensive zwar stark geschwächt. Dennoch beschleunigte die Katastrophe die Friedensverhandlungen zwischen den Konfliktparteien. Am 15. August 2005 entschieden sich beide Seiten in Helsinki, den Krieg endgültig zu beenden. Im Oktober 2008 setzte Hasan di Tiro nach fast 30 Jahren erstmals wieder den Fuß auf acehischen Boden.

Die Kinder, die um mich herumstehen, stimmen in das Gebet für Tiro ein. Sie heben fromm die Hände, während der Imam die erste Sure des Koran (*al-Fatiha*) rezitiert. Bevor der Leichnam von Tiro eintrifft, spreche ich mit einigen Frauen am Straßenrand, etwa einen Kilometer vom Friedhof entfernt. Sie warten auf das Auto, das seine sterblichen Überreste zum Friedhof bringt. Einige wollen bei der Beerdigung dabei sein. Hamna erzählt, dass sie gerade auf dem Reisfeld gearbeitet habe, als ihre Tochter Nurul auf sie zugelaufen sei und ihr zugerufen habe: »Mama, Tengku ist nicht mehr. Tengku ist nicht mehr.« Nurul hatte es aus dem Fernsehen erfahren, das live aus dem Provinzkrankenhaus Zainoel Abidin in Banda Aceh von seinem Ableben berichtet hatte. »Ich gebe nicht nur vor, traurig zu sein. Jetzt gibt es niemanden mehr, der für dieses Land und das acehische Volk kämpft«, sagt sie mit gedämpfter Stimme.

Hamna ist di Tiro nie persönlich begegnet. »Aber im Konflikt war Meureu ein gefährlicher Ort. Wenn diese Leute [das Militär] kamen, haben die sich nicht darum gekümmert, dass die Menschen beim Essen saßen, sondern gleich zugeschlagen und sie beschuldigt,

Anhänger der GAM zu sein«, erzählt sie. Nurhayati hatte mehr Glück. »Ich habe ihn mal gesehen, als er zum Friedhof von Cik Ditiro gepilgert ist. Das war, als er im Oktober das erste Mal wieder nach Hause kam. Sein Gesicht war weiß, sehr sauber«, sagt sie mit weicher Stimme. »Aber ich bin traurig, dass er nicht mehr da ist. Ich werde traurig, wenn ich an den Konflikt denke. Wir hatten es hier wirklich schwer, aber Tengku hatte es dort sicher noch schwerer, weil er ja an alles hier denken musste«, sagt sie näselnd. Ihre Augen röten sich und glänzen.

Nurhayati trägt ihr Baby auf dem Arm. Sie wird nicht mit zur Beerdigung kommen. »Die Kinder sind noch klein. Wer soll denn auf sie aufpassen. Ich werde einfach beten«, sagt sie. »Vorhin gab es ein Erdbeben. Vielleicht trauert die Erde auch«, sagt Rita, die gerade drei Monate hier im Dorf lebt. Sie ist zu ihrem Mann gezogen. Am Nachmittag hatte ein Erdbeben von 5,8 auf der Richterskala Aceh erschüttert.

Drei Tage bevor Tiro verstarb, traf ich einen seiner Mitstreiter der ersten Stunde in Banda Aceh. Abdul Gani, 65 Jahre alt, war gerade von einem Besuch bei Tiro im Krankenhaus zurückgekehrt. »Der Wali erkennt schon niemanden mehr. Er trägt eine Sauerstoffmaske und ist mit einem Batikstoff zugedeckt.« Er hatte Aisyah, die jüngere Schwester von Tiro, in dessen Krankenzimmer bei ihm wachen sehen. Fast 30 Jahre haben Tiro und seine Gefolgsleute gekämpft, aber Aceh ist bis heute nicht unabhängig. »Wenn der Wali tot und Aceh nicht unabhängig ist, verschwinde ich aus Indonesien«, hatte Gani noch gesagt.

Das Friedhofsgelände ist voller Menschen. Die Trauergemeinde erstreckt sich bis auf die Straße. Die Autos werden am Rand des Reisfeldes geparkt. Tiro auf diesem Heldenfriedhof zu begraben, neben einem Freiheitskämpfer, seinem Großvater, ist jedem eine Mahnung, dass alles Blut, das in Aceh im Kampf gegen Willkür und Despotismus vergossen wird, eine neue Generation des Widerstandes erzeugt – ohne Unterlass, wieder und wieder. Nicht nur aus der Linie Tiro, sondern aus dem gesamten Volk Acehs.

Die Friedenswächterinnen

Im Klassenzimmer der Mittelschule sitzen bereits 35 Schülerinnen unterschiedlichen Alters. Sie sind zwischen 20 und über 60 Jahre alt. Sogar zwei noch ältere Frauen hat es hierher verschlagen. Einige junge Mütter halten ihre Babys im Arm und stillen sie. Andere haben ihre Kleinkinder mitgebracht. Dennoch höre ich keines der Babys weinen oder eines der Kinder schreien. Die Frauen, Mütter und Großmütter sitzen hochkonzentriert und herausgeputzt auf ihren Stühlen. Sie tragen dreiviertel lange Röcke und Kopftücher. Die Lippen der beiden ältesten Frauen ziert ziegelroter Lippenstift. Sie alle sind hier, um schreiben zu lernen, und mit Schreibheften und Kugelschreibern auf ihren Tischen bewehrt.

Die Schule liegt im Distrikt Bener Meriah in Zentralaceh. Das Klassenzimmer hat sich die Kommission für Vermisste und Gewaltopfer in Aceh (KontraS Aceh) »geborgt«, um die Frauen im Lesen und Schreiben zu unterrichten. Ich wurde gebeten, die Klasse zu übernehmen.

Zentralaceh beziehungsweise das Hochland der Gayo ist weltweit für seinen Kaffeeanbau bekannt. Selbst große Kaffeeketten wie Starbucks verkaufen ihn. Hier ist die kühle Morgenluft noch bis zum Mittag zu spüren, was mich morgens eine warme Dusche vorziehen lässt. Etwa eine halbe Autostunde von der Hauptstadt Takengon entfernt liegt das bei Touristen beliebte »Süßwassermeer« (Laut Tawar). Der weitläufige Kratersee ist von Bergen und grünen Reisfeldern gesäumt. Er beruhigt den Geist und erfrischt die Augen.

Im Jahr 1942 war mein Großvater Tubagus Abdul Malik bin Ismail bin Zainuddin Talib im Gayoland, nachdem er gegen die japanischen Besatzungstruppen in Palembang gekämpft hatte. Ich bin die Zweite nach ihm in unserer Familie, die es hierher verschlägt.

Während des Konfliktes zwischen der GAM und der indonesischen Regierung war auch diese wunderschöne, nach Kaffee duftende Gegend in den Strudel des Krieges geraten. Hier im Hochland leben Gayo, Aceh und Javaner. Sie waren nicht nur Opfer des Konfliktes, sondern wurden auch aktiv in ihn hineingezogen. Den Javanern wurde unterstellt, sie seien pro-indonesisch, die Aceher galten als GAM-Unterstützer und den Gayo wurde vorgeworfen, auf Seiten der Javaner zu stehen. Diese Brüche spiegeln sich auch im Klassenzimmer wider. Die Frauen ziehen es vor, in ihrer eigenen ethnischen Gruppe zusammenzusitzen. Nachdem ich mich vorgestellt habe, bitte ich sie, es mir gleich zu tun. Dann frage ich sie: »Was ist der Sinn des Schreibens und warum erzählen wir Geschichten?« Eine antwortet, es gehe darum, Erfahrungen mitzuteilen. Eine andere fragt: »Ja, aber was nützt es? Was auf dem Feld angebaut wird, kann auch geerntet werden. Nach dem Kochen ist eine Mahlzeit fertig. Aber was kommt beim Schreiben heraus? Wenn der Unterricht hier vorbei ist, sind wir doch ganz sicher keine Journalistinnen, sondern kehren auf die Felder zurück oder sind mit dem Haushalt beschäftigt.« Eine andere antwortet, die Menschen sollten durch die Geschichten erfahren, was wirklich im Konflikt geschehen sei.

Ganz offensichtlich wollen die Frauen ihre Geschichten loswerden. Ich lasse eine nach der anderen berichten. Eine Frau sagt: »Es ist das erste Mal, dass wir ohne Angst erzählen können.« Ihre Geschichten sind voll niedergebrannter Häuser und verbrannter Menschen. Wut ist in ihnen allgegenwärtig, vor allem dann, wenn das Erzählen plötzlich aufhört und der Raum stattdessen von leisem Schluchzen erfüllt wird. Auf einmal schlägt die Stimmung um. Es wird laut im Raum. Die Frauen beginnen, sich gegenseitig Vorwürfe zu machen. Ich lasse sie. Irgendwann sind sie von allein erschöpft, werden ruhiger und wenden sich wieder mir zu.

Ich frage sie nach den Ursachen des Konfliktes. Keine weiß sie genau zu benennen. Eine Frau sagt, es habe daran gelegen, dass die GAM etwas gegen die Javaner gehabt hätte. Aber auch sie kennt den genauen Grund nicht.

Der Auslöser des Konfliktes war eigentlich ein sehr banaler. Einige Menschen in Aceh stellten fest, dass, obwohl die Provinz reich an natürlichen Ressourcen ist, viele ihrer Bewohner in Armut leben. Die Erlöse aus den Gas- und Erdölvorkommen kamen bei der einfachen Bevölkerung nicht an, sondern flossen direkt in das Machtzentrum auf der Insel Java. Das Gefühl, nicht Herr im eigenen Haus zu sein, ließ die GAM um Unterstützung in der Bevölkerung werben. Gleichzeitig griff sie zu den Waffen, um Aceh in die Unabhängigkeit zu führen. Der indonesische Staat sah darin vor allem eine Bedrohung der staatlichen Einheit des Landes. Trotz des Friedensschlusses von Helsinki im Jahr 2005, der den Konflikt offiziell beendete, sind seine Auswirkungen noch längst nicht überwunden.

Eine der Frauen sagt, dass die Forderungen der GAM absolut berechtigt gewesen seien, denn auch ohne die GAM sei die ungerechte Behandlung der ländlichen Regionen durch die Zentralregierung in Jakarta spürbar. Aber die Javaner seien ganz sicher nicht das geeignete Ziel, um dagegen zu protestieren, denn schließlich bestehe die Regierung in Jakarta ja auch nicht nur aus Javanern. Eine andere Frau erzählt, dass sie bis jetzt geglaubt habe, alle Menschen in Aceh hätten die GAM unterstützt.

Am Ende sind sich die Frauen einig, dass, auch wenn sie nicht direkt in den Konflikt involviert waren, er sie doch zu Feinden gemacht und auseinandergetrieben hat. Durch das Aufschreiben dieser Geschichte wollen sie ihre Nachkommen und die Welt wissen lassen, was geschehen ist, und verhindern, dass sich die Geschichte wiederholt.

Am 21. Mai 2009, dem letzten Unterrichtstag, ist spürbar, wie sehr sich die Frauen im Laufe des Unterrichts angenähert haben. Sie bleiben nicht länger in ihren Gruppen unter sich, sondern scherzen wild durcheinander. Maemunah, eine der beiden ältesten

Frauen der Klasse, singt am Ende ein Lied der Gayo zum Abschied für mich. »Das Lied wird normalerweise jungen Frauen, die frisch verheiratet sind und ein neues Leben beginnen, mit auf den Weg gegeben«, erzählt sie mir. Ihr Gesang ist so melodiös und gefühlvoll, dass die ganz Klasse tief gerührt scheint.

Einige Zeit danach habe ich erfahren, dass eben diese Frauen ihr Dorf zum »Dorf der Friedensliebe« erklärt haben. Die Frauen der drei Ethnien schworen, dass sie weitere »Dörfer der Friedensliebe« »gründen« würden und besiegelten ihren Schwur mit einer Taube, die sie in den Himmel aufsteigen ließen.

Frieden von unten

Eines Tages im Jahr 1998 sieht Khatijah binti Amin, dass sich das Meer rot gefärbt hat. Vielleicht liegt es am Seegras oder an der Reflexion des Sonnenlichts. In ihrem Zustand kann sie diese Erklärungen nicht in Betracht ziehen. Das Gefängnis, in dem sie inhaftiert ist, liegt unweit des Meeres. Sie spürt, dass sie nicht mehr lange leben wird. Die blutrote Farbe des Wassers erscheint ihr wie ein Zeichen ihres nahenden Todes. Es kommt selten vor, dass ein Gefangener die Folter in Rancung im Distrikt Pidie überlebt. Doch Khatijah scheint ein langes Leben beschert. Eineinhalb Monate später ist sie frei, um dann erneut verhaftet zu werden. Dieses Mal wird sie ins Haus Geudong in Teupin Raya gebracht und dort mit einem Holzstock misshandelt. Hier beobachtet sie Grausamkeiten und Schmerzen, die ihre eigenen noch übertreffen. »Ich habe dort die ganze Zeit den Koran rezitiert. In 15 Tagen war ich durch«, erinnert sich Khatijah. Eine ihrer Freundinnen wurde vergewaltigt.

Ihr Mann, Tengku Harun alias Abu Muslimin, gehörte zur ersten Kämpfergeneration um Hasan di Tiro, den Gründer der Bewegung Freies Aceh (GAM). Am 4. Dezember 1976 erklärte er Indonesien den Krieg, um Aceh in die Unabhängigkeit zu führen. Indonesien antwortete mit der Entsendung von Truppen nach Aceh. Khatijah geriet ins Visier des Militärs, weil es nicht gelang, ihren Mann zu fassen.

Khatijah wurde nicht nur im Gefängnis Zeuge der Gewaltgeschichte Acehs. Als sie noch ein Kind war, sah sie das Haus eines Uleebalang, eines acehischen Adligen, brennen. Der Uleebalang und seine Familie wurden getötet. Genauso erging es denjenigen, die man für ihre Verbündeten hielt. »Der Imam der Moschee des Dorfes wurde auch umgebracht, weil man glaubte, er stünde Ampon Puteh nahe«, erzählt sie auf Acehisch. Ampon Puteh oder Teuku Puteh war ein bekannter Uleebalang in ihrem Dorf. »Er hatte die Macht im Dorf«, erzählt Khatijah. Die Ulama, die sich in der Vereinigung der Ulama Acehs (PUSA) zusammengeschlossen hatten, waren die Anführer dieser blutigen Bewegung, die sich zum Ziel gesetzt hatte, die Herrschaft der Uleebalang zu beenden. Sie hielten sie für die rechte Hand der holländischen Kolonialmacht. Die PUSA aber unterstützte die Idee eines unabhängigen Indonesien. Diese »soziale Revolution« ereignete sich im Jahr 1946 und ging als Cumbok- beziehungsweise Uleebalangkrieg in die Geschichte ein.

Am 15. August 2005 unterzeichneten die indonesische Regierung und die GAM einen Friedensvertrag im finnischen Helsinki. Khatijahs Mann und ihre drei Söhne, die auch für die GAM gekämpft hatten, kamen zurück nach Hause. Khatijah trägt die Wut auf ihre Peiniger bis heute in sich: »Mein Herz ist noch immer wütend. Ihren Sadismus und wie sie mich gefoltert haben, wird Allah ihnen heimzahlen«, sagt sie. Für Khatijah gibt es keine Strafe in dieser Welt, die genügen würde. Sie überlässt es Gott, ihre Peiniger zu bestrafen. Einige ihrer Folterer sind bereits verstorben.

Heute ist sie 73 Jahre alt. Sie sitzt auf einer geflochtenen Matte im Wohnzimmer ihres Hauses in Teupin Raya. Bis auf die Matte für Gäste gibt es keine Möbel im Haus. An diesem Nachmittag des 2. August 2011 trägt sie ein schwarzes Kopftuch, eine kurzärmelige Bluse und einen Sarong.

Die Erfahrungen während ihrer Gefangenschaft haben sie auch einige andere Dinge über den Konflikt gelehrt. »Die acehischen Spione waren häufig noch grausamer als das Militär«, erzählt sie. Khatijahs Cousin war einer von ihnen. »Sein Name ist Pudin. Bevor sie ihn geschnappt haben und er zum Spion wurde, war er bei der GAM.« Ein anderer Spion, der in Teupin Raya zur Legende geworden ist, heißt Raja. »Er hat im Haus Geudong seinen eigenen Vater ermordet«, erzählt Khatijah.

Nurhaidas Augen sind warm. Sie trägt ein Kopftuch und ein weites, kurzärmeliges Hauskleid aus Batik. »Du kannst mich ruhig Kak Baek nennen«, bietet sie mir an, als wir uns vorstellen. Wenn sie Ihren Mund öffnet, blicke ich auf schief gewachsene und halb kaputte Zähne. Sie lacht, während sie erzählt, obwohl ihre Geschichte keinen Anlass dazu gibt.

An diesem Nachmittag ist Nurhaida gerade dabei, das Essen für das Fastenbrechen vorzubereiten. Ihre drei Söhne werden es gemeinsam mit ihr begehen. Zwei sind bereits verheiratet. Sie haben ihre Frauen und Kinder mitgebracht. Nurhaida lebt in einem Pfahlhaus aus Holz. Im Erdgeschoss befindet sich ein zwei mal drei Meter großer Raum, in dem normalerweise die Gäste empfangen werden. Auch hier gibt es weder Tisch noch Stühle, nur eine dünne zerschlissene Matte aus Flechtwerk, auf der auch ihre 84-jährige Mutter liegt. In einer Ecke des Raumes stapelt sich getragene Kleidung ihrer Enkel. Die Mutter scheint gesund und nicht sonderlich altersschwach. Als Nurhaida sich nicht an das Geburtsjahr ihres verstorbenen Mannes erinnern kann, fragt sie ihre Mutter, die ohne zu zögern 1954 entgegnet.

Direkt neben dem Wohnhaus stand früher das Haus Geudong, der Ort, der in Aceh zum Symbol für Gefangenschaft und Folter wurde, als die Provinz offiziell »militärisches Operationsgebiet« war. Das Haus Geudong fungierte von 1990 bis 1998 als Posten der Spezialkräfte des indonesischen Militärs im Dorf Billie Aron, das im Subdistrikt Teupin Raya liegt. Heute erinnern nur noch das Fundament und einige Mauerreste daran. Im August 1998 haben es einige Anwohner spontan bis auf die Grundmauern niedergebrannt. Die Spuren des Bösen sind verschwunden. Jetzt gedeihen hier Unkraut und Gestrüpp zwischen vereinzelten Bäumen.

»Mein Mann ist an einer Krankheit gestorben. Er war ein Jahr lang krank. Wir wussten nicht, was er hat. Nach drei Tagen im Krankenhaus ist er dann von uns gegangen. Selbst der Arzt konnte uns nicht sagen, was es war. Meiner Meinung nach haben ihn die Schreie der Gefolterten und die Misshandlungen im Hinterhof, die er tagtäglich mit anhören und ansehen musste, krank gemacht.

Mein Mann hat all das weniger gut verkraftet als ich«, erzählt Nurhaida auf Acehisch.

Einmal hat sie beobachtet, wie ein Mann nackt ausgezogen und an einen Bananenbaum gebunden wurde. Über seinen Kopf stülpten sie eine Plastiktüte. So musste er tagelang ausharren. »Am Ende ist der Mann gestorben«, sagt sie und versinkt in Gedanken. »Die Schmerzens- und Hilfeschreie waren jeden Tag von neun Uhr abends bis drei Uhr morgens zu hören. 1998 gab es jeden Tag Folterungen, öfter als in der Zeit zuvor. Es ist traurig, Menschen derart behandelt zu sehen. Man will helfen und weiß gleichzeitig, dass dann das eigene Leben in Gefahr ist. Man wird zum Schweigen gebracht, aber das Herz wird traurig, sehr traurig. Es ist gefühllos, wenn Menschen sich gegenseitig so etwas antun«, erzählt Sanusi, einer der Söhne, mit leiser Stimme. Laut Sanusi waren Aceher die schlimmsten Folterer. Er nennt einen bei seinem Namen: Raja.

»Schau Dir nur meinen Rock an«, sagt Nurhaida und deutet auf ihren rutschenden Rock. »Was ist denn los?«, frage ich nervös. »Dünn«, sagt Sanusi. »Ja, deshalb bin ich dünn«, sagt sie lachend. In der Zeit der Folterungen kochte Nurhaida kaum. Das einzige, das sie ihrem Mann regelmäßig vorsetzte, war Reis. Jedes Mal, wenn die Schreie wieder anfingen, hörte Nurhaida auf zu kochen und verließ das Haus. Ihr Mann hat es verstanden.

Nurhaida war überglücklich, als sie vom Frieden erfuhr. Sie sagt: »Das darf sich nicht wiederholen. Wir wussten nichts, und obwohl wir nicht direkt zu Opfern wurden, haben wir doch gelitten. Wir haben uns ja kaum getraut, an diesem Haus vorbeizugehen. Heute kann sich jeder frei bewegen.«

In Pondok Sayur, einem Subdistrikt im Distrikt Bener Meriah, geschah eines Dienstagabends etwas, von dem jeder gehofft hatte, dass es niemals eintreten würde. Im wahren Leben können jedoch keine Tage aus dem Kalender gestrichen werden. Seitdem machen sich die Menschen hier jeden Abend bereit, der Gefahr erneut entgegenzutreten.

»Es war, als sei es so vorgesehen. Dienstagabends war Brandstiftung«, sagt Saliza binti Jafar. Beniati binti Samkari erinnert sich: »Vor jedem Brand donnerte es.« Zubaidah binti Bacah erzählt: »Außer dienstagabends geschah es manchmal auch freitagabends.«

Das Empfangszimmer des Büros der »Gruppe friedensliebender Frauen« (*Kelompok Perempuan Cinta Damai*, KPCD) ist von Gelächter erfüllt, während über die ›speziellen‹ Tage während des Konfliktes gesprochen wird.

Der Subdistrikt Pondok Sayur im Hochland von Zentralaceh ist circa drei Autostunden von Khatijah binti Amins Haus in Teupin Raya im Distrikt Pidie entfernt. Das heiße Klima der Küstenstadt muss hier der Kühle der Berge weichen. Bener Meriah wird auch als das Gayohochland bezeichnet. In dieser Gegend reiht sich eine Kaffeeplantage an die andere. Sie sichern den meisten Menschen hier ihr Auskommen. Neben dem Kaffee ist Bener Meriah für seinen Gemüse- und Obstanbau bekannt.

Am Rande der dicht befahrenen Hauptstraße von Pondok Sayur steht ein gewöhnliches zweigeschossiges Haus. Die Wände bestehen aus weißgestrichenen Holzlatten, denen das Wetter an einigen Stellen bereits die Farbe abgetrotzt hat. Das Haus beherbergt das Büro von KPCD. Im Empfangsraum sitzen fünf Frauen mit Kopftüchern, unter ihnen Saliza, Beniati und Zubaidah, allesamt Mitglieder von KPCD. Im Moment sind sie in ein Gespräch mit einem Gast vertieft, der am Mittag eingetroffen ist.

Zubaidah erinnert sich an ein Erlebnis im Jahr 2000. Sie saß in einem Bus von Bireuen nach Banda Aceh, als dieser plötzlich von einer Gruppe Jugendlicher angehalten wurde. Sie zwangen alle Passagiere auszusteigen, brachten den Busfahrer in ihre Gewalt und zündeten den Bus schließlich an.

Saliza wirft ein: »Zu Beginn des Konfliktes hörte ich, die Menschen würden die Javaner hassen. Sie sollten Aceh verlassen. Überall sah man Flugblätter, sogar in Moscheen. Auf ihnen stand, alle Javaner sollten Aceh innerhalb von 24 Stunden verlassen.« Zubaidah und Saliza stammen beide aus Aceh. Dieser Hass ist ihnen jedoch fremd. Saliza verlor während des Konfliktes ihren Vater. »Er wurde erschossen, als er in der Moschee gerade seine rituelle Waschung (*wuduk*) vollzog, weil sie ihn für einen Spion des Militärs hielten«, erzählt sie. Für die GAM war das Militär identisch mit den Javanern.

Die Javaner kamen als Transmigranten während der Suharto-Zeit verstärkt ins Gayohochland. Aber bereits während der holländischen Kolonialzeit waren sie nach Zentralaceh gebracht worden, um dort als Kulis auf den Plantagen zu arbeiten. Die nachfolgenden Generationen wurden sehr erfolgreiche Bauern und richteten sich in ihrer neuen Heimat ein. Mit den Transmigrationsprogrammen reagierte die Suharto-Regierung auf die beständig anwachsende Bevölkerung Javas und den zunehmenden Bevölkerungsdruck. Andere bezeichneten die demographische Politik des Regimes als Javanisierung. Hasan di Tiro nannte sie javanischen Neokolonialismus, dem er den Kampf erklärte.

Der Konflikt säte Misstrauen zwischen den unterschiedlichen Bevölkerungsgruppen. »Wenn das Haus einer javanischen Familie in Brand gesteckt wurde, verdächtigte man die Aceher oder die Gayo. Handelte es sich um ein Haus der Aceher oder der Gayo, war es umgekehrt. Aber die wahren Täter wurden nie gefasst«, erinnert sich Zubaidah. »Bevor der Konflikt aufgeheizt wurde, war das Verhältnis zwischen den Nachbarn trotz aller Unterschiede herzlich. Das war vor 1998. Diese Gemeinschaft hat der Konflikt zerstört«, sagt Beniati. Im Jahr 2001 kam es zu einem Exodus aus dem Dorf. »Die Menschen brachen von morgens bis nachts zu Fuß und mit Autos in die Flüchtlingslager auf«, erzählt sie weiter. Beniati ist Javanerin. Ihre Familie lebt in der dritten Generation hier. Sie selbst ist noch nie auf Java gewesen und kennt nur die Heimat, in die sie hineingeboren wurde.

Marhamah binti Muhammad Kasim ergänzt die Geschichte von Beniati: »Wir leben in der Nähe des Süßen Meeres (*Laut Tawar*, Kratersee in Zentralaceh). Dort gibt es keine anderen Ethnien außer der Gayo. Trotzdem sind auch dort Flugblätter zirkuliert, auf denen stand: ›Schlaf dich richtig aus, iss dich richtig satt, denn morgen schon wirst du nicht mehr sein.‹ Meine Eltern haben auch so ein Flugblatt bekommen. Damals waren Wahlen und mein Vater kandidierte für die Golkar, die ehemalige Regierungspartei Suhartos.« Schlussendlich floh ihr Vater auch. Er ging nach Takengon, die Hauptstadt von Zentralaceh, und ließ sich dort nieder.

Ich frage die Frauen, wie sie auf den Friedensvertrag zwischen der indonesischen Regierung und der GAM reagiert haben? »Zunächst waren wir uns nicht sicher«, antworten sie unisono. Dewi Handayani erzählt, dass der Konflikt in Bener Meriah zu kompliziert gewesen sei. In den Küstenregionen habe das Militär gegen die GAM gekämpft. Freund und Feind seien eindeutig unterscheidbar gewesen. Aber in Bener Meriah habe es viele verschiedene Gewaltakteure gegeben und es sei nicht einfach gewesen, die Täter zu identifizieren.

»Als ich vom Frieden hörte, dachte ich, das wird nichts. Damals gab es Gerüchte, dass es nur eine Strategie der GAM sei, um die Regierung in Sicherheit zu wiegen, so dass diese ihre Truppen abzieht und die GAM wieder losschlagen kann. Das hat natürlich etwas Skepsis ausgelöst. Es stand zu befürchten, dass Aceher und Gayo absichtlich eine solche Politik verfolgen, um später Javaner angreifen zu können«, sagt Dewi, die wie Beniati javanischer Herkunft ist.

Dewi hatte zudem so ihre Zweifel an der Formel »Absichtserklärung« (*Memorandum of Understanding*), die den Friedensvertrag von Helsinki betitelt: »Ein Memorandum ist doch eher wie ein kleines Versprechen. Weshalb haben sie es denn nicht gleich Vertrag genannt?« Mit der Zeit ist ihr klar geworden, dass Frieden durch die Menschen selbst geschaffen werden muss, indem sie wieder Vertrauen zueinander fassen. »Das Militär kann uns keinen Frieden bringen. Aber wir alle wollen ihn. Also habe ich mich entschieden, bei der KPCD mitzumachen. Die Geschichten bezeugen doch, dass wir alle das Gleiche erlebt haben«, sagt sie.

Anders als in den Küstenregionen Acehs, wo das Militär den Menschen als Feind galt, hatten insbesondere Angehörige der Spezialkräfte des Militärs in Pondok Sayur Idolstatus. Im Jahr 2003 organisierte eine Gruppe Frauen eine Demonstration, für die sie die Einwohner von fünf Dörfern mobilisierte, um gegen den Abzug einer für Geheimdienstoperationen zuständigen Abteilung der Spezialstreitkräfte des Militärs (SGI) zu protestieren. »Der Grund war einfach, dass sich die Bevölkerung durch ihre Anwesenheit sicher fühlte«, erzählt Dewi.

In Bener Meriah wurden auf Initiative des Militärs auch Einwohner für paramilitärische Gruppen rekrutiert, die gegen die GAM kämpften. Darin liegt eine der größten Herausforderungen für die Vertrauensbildung. Dewi erzählt: »In meiner Umgebung leben vor allem Javaner. Da sie anderen Volksgruppen nach wie vor nicht vollständig vertrauen, erzählen sie noch immer die alten Geschichten.« Die Fotos an den Wänden des KPCD-Büros zeugen von den Aktivitäten der Organisation. Neben einer Kooperative, die sie für ihre Mitglieder gegründet haben, arbeiten die Frauen auch mit der Kommission für verschwundene Menschen und Gewaltopfer in Aceh (*KontraS Aceh*) zusammen. Gemeinsam führen sie Friedens- und Versöhnungsseminare durch. Außerdem haben sie eine Initiative ins Leben gerufen, die sie »Dörfer, die den Frieden lieben« nennen. Sie richtet sich an Dorfgemeinschaften, die aus verschiedenen Ethnien bestehen. Bisher haben sich der Initiative schon 16 Dörfer angeschlossen. Ihr Weg ist allerdings noch lang. Der Distrikt Bener Meriah besteht aus mehr als einhundert Dörfern. Beniati sagt: »Interethnischen Hass gibt es noch an vielen Orten.«

Die Einrichtung einer Wahrheits- und Versöhnungskommission und eines Menschenrechtsgerichtshofes sind vieldiskutierte Themen in Aceh.

Saliza glaubt nicht daran, dass die Täter jemals zur Rechenschaft gezogen werden können. Sie sagt: »Es war doch nicht nur ein Täter und selbst der könnte nicht belangt werden.« Dewi erklärt: »Die Menschen, die zu Opfern wurden, sagen ›ist schon gut, vergesst es einfach‹. Die Wenigsten wollen alte Wunden aufreißen. In unserer Region ist – anders als an der Küste – einfach nicht klar, wer die Täter sind. Es ist ein Unterschied, ob sich zwei Gruppen bekämpfen oder ob es eine unüberschaubare Anzahl verschiedener Tätergruppen gibt.«

Zubaidah befürchtet Racheaktionen der Täter, wenn sie bestraft werden: »Wir haben erfahren, was es bedeutet, Familienangehörige zu verlieren. Wenn die Täter durch Bestrafung dasselbe erleben, werden neue Rachegefühle entstehen.« Für Dewi ist die Konfliktgeschichte in Bener Meriah besonders furchtbar: »Wir haben Angst, dass das, was an die Oberfläche kommt, zu noch Schlimmerem führt. Die Menschenrechtsverbrechen wurden von der Regierung begangen. Das macht es noch komplizierter. Wie soll man denn die Regierung zur Rechenschaft ziehen? Während Aceh militärisches Operationsgebiet war, kamen die Täter klar aus den Reihen des Staates. In der jüngeren Konfliktgeschichte war es dann nicht mehr so eindeutig.« Zubaidah sagt: »Man hofft ja, dass die Täter nicht aus der eigenen Familie stammen. Außerdem gibt es eben auch persönliche Rachegefühle, die gar nichts mit dem Konflikt zu tun haben.«

Marhama erklärt, dass die KPCD auf die Rolle von Frauen als Friedenswächterinnen und -förderinnen setzt. »Wir erziehen die nächste Generation mit dem Ziel, den Teufelskreis der Rache zu durchbrechen.« Sie gibt gleichzeitig zu bedenken, dass es nicht genüge, das Friedensprogramm auf Mütter und Frauen auszurichten. Kinder seien eine weitere wichtige Zielgruppe, die mit einbezogen werden müsse. Sie erzählt von ihrer Begegnung mit drei Kindern, die Opfer des Konfliktes wurden.

»Sie alle sind Jungen. Der Älteste von ihnen ist gerade erst 14 Jahre alt, der Zweitälteste zwölf und der Jüngste noch nicht einmal im schulpflichtigen Alter. Ihr Vater wurde vor ihren Augen erschossen. Ihre Mutter ist an einer Krankheit gestorben. Dorfbewohner haben sich dann ihrer angenommen. Wenn man die Kinder fragt, wer ihren Vater getötet hat, können sie es nicht sagen, aber singen (*berdidong*) können sie es.« *Didong* ist eine traditionelle Kunstform der Gayo, in der Gedichte singend vorgetragen werden. »Diese Kinder sind Konfliktopfer. Wir wissen nicht, was in 20 Jahren mit ihnen geschehen wird. Unsere Aufgabe ist es, jetzt ihre Traumata zu heilen und sie Gemeinschaft zu lehren, durch Spiele zum Beispiel«, sagt Marhama.

Auf dem Boden des Museums liegen dicht an dicht Fotos von Vermissten. In der Mitte des ziemlich schmutzigen Raumes steht ein Tisch. Es riecht nach Farbe. Azhari Aiyub, der Direktor der Gruppe *Komunitas Tikar Pandan* (KTP), zeigt mir an diesem Morgen des 3. August 2011 im diffusen Licht einer Taschenlampe das Museum. Er kann den Lichtschalter nicht finden. »Wir renovieren«, erklärt er. Die Wände schmücken abstrakte Graffitis in schwarz-weiß. Das Menschenrechtsmuseum in Ulee Kareng, einem Stadtteil Banda Acehs, ist nicht mehr als ein Raum von vier mal fünf Metern, der früher als Garage des Büros der Gruppe diente. Das Gebäude ist gemietet, was auch bedeutet, dass das Museum jedes Mal mitwandern muss, wenn die Organisation ein neues Büro bezieht.

An diesem Morgen muss Azhari früh aufstehen, weil ich noch vor Beginn der offiziellen Bürozeiten um Einlass bitte. Er trägt ein weißes T-Shirt und eine kurze Hose und schaut mich aus verschlafenen Augen an. Die Gruppe (KTP), die heute unter dem Namen *Liga Kebudayaan* (Kulturliga) *Komunitas Tikar Pandan* firmiert, erlebte ihre Geburtsstunde, als sich der bewaffnete Konflikt in Aceh zuspitzte. Fünf besorgte junge Männer in den Zwanzigern – Azhari Aiyub, Reza Idria, Yulfan, Yuziana und Syahrul – gründeten die Organisation. Einige von ihnen waren auch in der Studentenbewegung aktiv, die letztlich Präsident Suharto stürzte. Im Jahre 1999 engagierten sich alle in der Bewegung, die ein Unabhängigkeitsreferendum für Aceh forderte. Nach einigen Jahren, in denen sich die Situation in Aceh nicht wirklich verbesserte, wurde ihnen klar, dass sich in Aceh offensichtlich niemand mehr mit Kultur beschäftigte. So begannen sie im Jahre 2002/2003 Diskussionen über Literatur und Kultur unter dem Namen *Komunitas Tikar Pandan* zu veranstalten. »Früher gab es im Gegensatz zu heute einfach keine guten Filme, die wir hätten ansehen können. Die Aktivisten dieser Tage taten zwar so, als würden sie sich mit Kunst und Filmen auskennen, hatten aber im Grunde wenig Ahnung. Deshalb haben wir einige Leute mobilisiert, diese Gruppe zu gründen, um die Wissenslücken zu verkleinern und der Gesellschaft etwas zurückzugeben«, erzählt Azhari.

Während die politischen Institutionen in der Zeit des militärischen Notstandes in Aceh von 2003 bis 2004 im Chaos versanken, gelang es der Gruppe weiterzumachen. »Weil wir uns im Bereich der Kultur bewegten, fragte niemand nach oder schöpfte Verdacht. Aber diese ›Tarnung‹ war eher zufällig«, erinnert sich Azhari. Für ihn ist seine Mitarbeit an der Einrichtung des Menschenrechtsmuseums ein wesentlicher Teil von Kulturarbeit. »In einer fortschrittlichen Kulturlandschaft, die dem Humanismus verpflichtet ist, sind Museen sehr aktive Institutionen. Für Regierende, die den Humanismus nicht wertschätzen, sind Museen nichts anderes als Machtmittel, die den Eliten dazu dienen, ihre Wertvorstellungen zu formulieren und zu popularisieren. Wir kehren diese Logik um, weil wir mit dem Museum diejenigen, die ›weggeworfen‹ und während der politischen Transformation Acehs vergessen wurden, in die erste Reihe stellen. Indem wir beispielsweise zehn Orte im Museum aufführen, an denen gefoltert wurde oder an denen sich Geheimgefängnisse befanden, zeigen wir den Menschen, dass auch sie sehr leicht zu Opfern und Kanonenfutter werden können, wenn erneut ein bewaffneter Konflikt ausbricht«, erklärt Azhari. Das Museum trägt auch zu Menschenrechtsausstellungen an Universitäten und Schulen bei, indem Exponate verliehen werden. Die Sammlung wird ständig durch Vorschläge und Spenden von Menschen erweitert, die in der Vergangenheit Zeuge von Menschrechtsverletzungen wurden.

Die Initiative für das Museum ging von Reza Idria aus, der im Vorstand von *Komunitas Tikar Pandan* ist. Der Dreißigjährige hat an der Universität Leiden Ethnologie studiert und unterrichtet heute an der islamischen Hochschule Ar-Raniry in Banda Aceh. Sein Gesicht hat südasiatische Züge. Seine Nase läuft spitz zu und seine Haut ist schokoladenfarben. Wenn er spricht, beginnen seine Augen hinter seiner Brille zu leuchten.

Während seines Studiums in Holland hat er auch das Holocaust-Mahnmal in Berlin besucht. Die Erfahrung hat ihn tief beeindruckt und ihn auf die Idee gebracht, ein Menschenrechtsmuseum in Aceh zu eröffnen. Zurück in Aceh unterbreitete er die Idee einem Freund, der sie begeistert aufnahm. Daraufhin schlossen sich die vier Organisationen *Komunitas Tikar Pandan*, *Kontras Aceh*, *Koalisi NGO HAM* (Koalition der Menschenrechtsorganisationen) und *Lembaga Bantuan Hukum Aceh* (Rechtshilfe Aceh) zu einem Konsortium zusammen und gründeten das Museum. Kurze Zeit später hatten sie 6.000 Euro durch Spenden zusammen. Aufgrund der begrenzten Mittel entschied sich die KTP, einen ihrer Räume für das Museum zur Verfügung zu stellen.

»Nur über die Wahrheits- und Versöhnungskommission und ihre Rechtsgrundlagen zu diskutieren, ist zu langwierig. Unser Erinnerungsvermögen ist begrenzt. Es muss jetzt einen Ort geben, zu dem die Menschen Dinge und Fotos bringen können, die im Zusammenhang mit Menschenrechtsverbrechen in Aceh stehen«, erzählt Reza.

Das Museum wurde am Abend des 23. März 2011 eröffnet. Der 24. März ist der von den Vereinten Nationen ausgerufene Tag für das Recht auf Wahrheit in Bezug auf schwere Menschenrechtsverbrechen und für die Würde der Opfer.

»Anfangs wollten wir ein Friedens- und Konfliktmuseum gründen. Aber Menschenrechtsverbrechen werden in Aceh bis heute begangen. Das bedeutet, dass wir öffentlich darüber sprechen müssen. Außerdem hat die Einführung des islamischen Strafrechts in Aceh neues Potential für die Verletzung von Menschenrechten geschaffen. Ein Menschrechtsmuseum ist eine angemessene Reaktion auf diese Situation«, erklärt Reza. Für Reza ist die Einrichtung eines Menschenrechtsgerichtshofes die notwendige Antwort auf die bestehenden politischen Konflikte in Aceh: »Die Gewalt, die bis zum heutigen Tag in Aceh stattfindet, zeigt, dass das Problem längst nicht gelöst ist. Einen Menschenrechtsgerichtshof in Aceh aufzubauen, wird lange dauern. Dafür gibt es viele Gründe, unter anderem das Gerangel zwischen der Nationalregierung in Jakarta und der Provinzregierung in Banda Aceh. Gruppen, die früher verfeindet waren, sind heute befreundet. Beide ehemaligen Konfliktparteien lehnen das Konzept des Menschenrechtsmuseums mit der Begründung ab, keine alten Wunden aufreißen zu wollen. Uns geht es aber nicht darum, erneut Rachegefühle zu schüren. Wir wollen aus der Vergangenheit lernen, um zu verhindern, dass sie sich wiederholt. Es ist nicht unsere Aufgabe, die Gewalttäter des Konfliktes zur Rechenschaft zu ziehen. Das ist Sache der Regierung.«

Reza hat die Erfahrung gemacht, dass die Schüler, die das Museum besuchen, wichtige Dinge über die Geschichte ihres Landes lernen: »Obwohl wir hier keine Fotos der Verbrechen und der Grausamkeiten ausstellen, sagen sie uns, wie glücklich sie sich schätzen können, den Konflikt nicht miterlebt zu haben. Niemand will, dass sich diese Dinge wiederholen.«

Der Vormittagsbesuch im Museum ist vorbei. Azhari schließt die Eingangstür des Museums. Wir gehen in einen anderen Raum. Er erzählt, dass eines der nicht genutzten Bäder des Büros als »Erfahrungsraum« für Besucher dient, die wissen möchten, wie es ist, in einem engen Raum eingesperrt zu sein. Offensichtlich erträgt es niemand, auch nur für ein paar Minuten in einem pechschwarzen, stickigen und nach Urin stinkenden Raum auszuharren. »Und genau das war in etwa die Erfahrung vieler, die damals zu Opfern wurden«, sagt er.

Das Kopftuch der kleinen Tata

Indira oder Tata, wie sie normalerweise genannt wird, ist meine Schwester. Im zweiten Semester ihres Statistikstudiums an der Universität Padjadjaran in Bandung begann sie, ein Kopftuch zu tragen. Das ist 20 Jahre her. Sie entschied sich in einer Zeit dafür, als die Diktatur Suhartos das öffentliche Tragen eines Kopftuchs sehr genau reglementierte.

Als Tata mit dem Studium fertig war, wurde sie gebeten, ein Foto für ihre Abschlussurkunde machen zu lassen. Allerdings ohne Kopftuch. Sie weigerte sich. Daraufhin ließ man sie ein Dokument unterschreiben, dass sie keine Rechtsmittel nutzen würde, wenn sie aufgrund dieses Fotos in Zukunft diskriminiert werden würde, beispielsweise bei der Arbeitssuche.

An dem Gymnasium in der Straße Belitung Nummer acht in Bandung, das mein Bruder Budhi besuchte, waren Kopftücher in dieser Zeit sogar gänzlich verboten. Das Kopftuch galt in erster Linie nicht als Teil der islamischen Lehre, sondern als Symbol der antiwestlichen Arabisierung. Für die damalige indonesische Regierung war die Kopftuchbewegung ein Instrument der islamisch-fundamentalistischen Propaganda, die versuchte, die islamischen Lehren nach ihren Vorstellungen gleichzuschalten. Das gefährde die Demokratie, so die Regierung unter Suharto, die es mit der Demokratie jedoch selbst auch nicht so genau nahm.

Es war die Blütezeit des islamischen Religionsunterrichts in Bandung. Auch Abdullah Gymnastiar oder Aa Gym, wie er genannt wird, hielt vor seinem Ruhm als Fernsehprediger Koranstunden in seinem Haus ab. Eines Tages ging auch ich mit Tata zu ihm, um zu sehen, was es mit seinen Lehren auf sich hatte. Seine Art zu predigen unterschied sich eindeutig von der des Kyai Haji Zainuddin Mz, der in dieser Zeit in aller Munde war. Aa Gym hatte eine sehr ruhige Ausstrahlung und streute immer wieder humorige Passagen in seine Unterweisungen ein. Zainuddin dagegen war eher nüchtern und spöttisch. Auch darin lag jedoch ein gewisser Charme. Ich erinnere mich, dass Aa Gym mit starkem Sunda-Dialekt sprach, was mich sehr amüsierte. Später fing er an, polygam zu leben, und büßte damit einiges an Popularität ein. Zainuddin trieb es noch schlimmer. Er vergewaltigte eine Schülerin. Der Fall wurde jedoch erst neun Jahre später bekannt.

Ich erinnere mich, dass einige Studenten des Technologischen Instituts Bandung und der Universität Padjadjaran eigene Koranzirkel gegründet hatten. Hinter meiner Schule befand sich damals die Salman-Moschee. Diejenigen, die dort die Koranunterweisungen besuchten, wurden abfällig »Salman-Kinder« gerufen. Was dort in Bandung Koranunterricht genannt wurde, unterschied sich allerdings erheblich von dem, was ich bis dahin darunter verstanden hatte. Es ging dabei nicht darum, gemeinsam den Koran zu lesen oder Predigten zu lauschen. Niemand hatte dort jemals gehört, dass aus dem Koran gelesen wurde.

An einigen Universitäten waren Kopftücher gänzlich verboten. Auch Frauen, die mit Kopftüchern ins Büro gingen, hatten von ihren Vorgesetzten nichts Gutes zu erwarten. Einige hatten sogar Schwierigkeiten, überhaupt eine Beschäftigung zu finden, weil sie ein Kopftuch trugen. Sie galten als komisch, ja sogar gefährlich.

Meine Eltern waren sehr offen und hatten eine eigene Wertschätzung für Vielfalt. Eines Tages sagte mir meine Mutter: »Vielleicht ist das Kopftuch die Kleidung des Herzens deiner kleinen Schwester.« Die Kleider, die meine Mutter für sie kaufte, hatten ihr nie so recht gefallen. Sie mochte keine Haarbänder, keine tiefen Ausschnitte und schon gar keine enganliegende Stretchkleidung. Die kleine Tata mochte keinerlei Kleidung von der Stange. Das ging so weit, dass mein Großvater ihr eines Tages eine Unterhose aus Baumwolle schneiderte, in die sie zweimal hineingepasst hätte. Großvater hatte es natürlich nur gut gemeint. Schließlich sollte die Hose ja bequem sein.

Und was sagt Tata selbst zum Thema Kopftuch? Neulich erklärte sie mir: »Ich trage das Kopftuch, damit Allah mich liebt. Außerdem fühle ich mich damit einfach wohl.« »Aha«, sagte ich. Also ganz so, wie meine Mutter vermutet hatte. Ich frage sie also, weshalb sie nicht von mir verlange, ein Kopftuch zu tragen, so dass Allah mich auch liebt. »Das Kopftuch ist doch reine Privatsache. Jeder hat seinen eigenen Glauben und der darf niemandem anderen aufgezwungen werden«, erklärt sie mir, während sie sich ziemlich schockiert von meinen Ausführungen zur Umsetzung des islamischen Strafrechts in Aceh nach dem Bürgerkrieg zeigt.

Tata hat mich nie wegen meiner Jeans oder meiner kurzärmeligen Blusen kritisiert. Genauso wie ich ihr Kopftuch nie zum Problem gemacht habe. Wir haben beide keine Schwierigkeiten damit, unterschiedliche Kleidungsstile zu akzeptieren. In unserer Großfamilie gab es übrigens keine Frau, die ein Kopftuch trug. Zumindest solange bis Tata diese Regel brach. Meine Großmutter väterlicherseits, eine direkte Nachfahrin des Propheten (*syarifah*), meine Mutter und meine Tanten, sie alle trugen kein Kopftuch. Soweit ich mich erinnere, warfen sie auf Einladungen zu Feierlichkeiten einfach einen losen Schleier (*kerudung*) über, um ihren Kopf zu bedecken. Wenn die Mädchen zum Koranunterricht gingen, trugen sie einen Schal und ein hochgeschlossenes Hemd.

Im Unterschied zur Suharto-Zeit liegen Kopftücher heute in Indonesien absolut im Trend. In Aceh werden muslimische Frauen sogar dazu gezwungen, ihre Häupter zu verschleiern. Auch das Tragen von Kinnbart und Turban sind Phänomene, die sich wachsender Beliebtheit erfreuen. Diesen »Kleidungsbewegungen« wird nachgesagt, sie würden den Islam wiederbeleben wollen. Diese »Wiederbelebung« ist allerdings nicht ganz so harmlos, wie sie auf den ersten Blick scheint. Damit verbundene Dynamiken und Implikationen gehen weit über das bloße Tragen von Kopftüchern, Turbanen und Kinnbärten hinaus.

Die islamische Wiederbelebungsbewegung kann in zwei Fraktionen unterteilt werden: die Fundamentalisten und die Revivalisten. Die Fundamentalisten versuchen, den Islam in seine Frühzeit zurückzuführen, orientieren sich also an den Umayyaden- und Abbasidenkalifaten, die ihre Blütezeiten kurz nach der Entstehung des Islam erlebten. Ganz im Gegensatz zur islamischen Praxis der Gegenwart betrachten sie den Islam dieser Zeit als vollkommen. Die Revivalisten fordern wiederum, den Islam an die menschliche Entwicklung und die gegenwärtigen Herausforderungen anzupassen, und versuchen, die heiligen Quellen Koran und Hadith neu zu interpretieren.

Tata passt nicht ganz in dieses Schema. Sie kleidet sich wie eine Fundamentalistin und denkt wie eine Revivalistin. Muslimische Frauen, die keinen Schleier tragen, sind für sie nicht automatisch unislamisch. Einen Kopftuchzwang lehnt sie genauso ab wie Gewalt gegen Frauen im Namen des islamischen Rechts. Islamische Fundamentalisten propagieren eine Lehre, die nichts anderes ist als ein Überstülpen arabischer Kultur bzw. dessen, was sie dafür halten. Die grundsätzlichen Botschaften des Islam, wie etwa die Würde des Menschen zu ehren und Frauen zu respektieren, werden dabei mit Füßen getreten. Sie versuchen diese arabische kulturelle Praxis selbst mit Gewalt durchzusetzen und verstoßen damit gegen die Lehren jeder erdenklichen Religion.

Ein solcher Fall ereignete sich bereits im Sultanat Banten im 17. Jahrhundert: Eines Tages kehrte Pangeran Adipati Anom oder Pangeran Gusti, wie er gerufen wurde, von der Hadsch und einer Reise in die Länder des Mittleren Ostens, inklusive des Osmanischen Reiches, zurück. Seine erste Handlung nach der Heimkehr war der Erlass eines Dekrets, das seine Untertanen verpflichtete, sich fortan wie arabische Muslime zu kleiden. Sein Vater, Sultan Agung Tirtayasa, kassierte das Dekret jedoch auf der Stelle ein und bat die Ulama in Banten, Sheikh Yusuf Al Makassari eingeschlossen, seinen Sohn zu beraten.

Später wollte Pangeran Gusti unbedingt Sultan werden. Er rebellierte gegen seinen Vater mit Unterstützung der holländischen Ostindien-Kompanie (VOC). Schließlich machten ihn die Holländer im April 1684 zum siebten Sultan von Banten. Fortan nannte er sich Sultan Abu Nazar Abdul Quhhar. Zusätzlich trug er den Titel Hadschi. War er doch bereits vor seiner Amtseinsetzung zweimal nach Mekka gepilgert. Sein Vater starb nach neun Jahren Festungshaft im damaligen Batavia (heute Jakarta) wohin er durch seine Erzfeinde von der VOC, die er bis zum letzten Atemzug leidenschaftlich hasste, verbracht worden war.

Neben der Entscheidung ein Kopftuch zu tragen, entschloss sich Tata, einer islamischen Bruderschaft (*tarekat*) beizutreten. Sie wählte die *Qadiriyah wal Naqsabandiyah,* einen Zusammenschluss der beiden Bruderschaften *Qadiriyah* und *Naqsabandiyah*. Die *Qadiriyah* ist die älteste Bruderschaft. Ihr Vordenker war Abu Shalih Sayyid Abdul Qadir bin Musa bin Abdullah bin Yahya Az Zahid bin Muhammad bin Dawud bin Musa Al Jun bin Abdullah Al Mahdi bin Hasan Al Mutsanna bin Hasan Sayyidina Ali, besser bekannt unter dem Namen Sheikh Abdul Qadir Jaelani A Baghdadi. Geboren wurde er 1077 in Jilan im heutigen Iran und er starb im Jahr 1166 in Bagdad. Er war Sunnit und ein großer Gelehrter der shafiitischen und hambalitischen Rechtsschulen, zwei der vier großen Rechtsschulen des Islam. Die Bruderschaften begannen im 10. Jahrhundert zu blühen. Ab dem zwölften Jahrhundert wurde es üblich, dass die Schüler ihrem Lehrer ihre Gefolgschaft (*bayat*) schworen. Das Wissen, das in den Bruderschaften vermittelt wurde, war ein Geheimwissen. Ähnlich wie in Schulen wurden die Schüler in diesem Wissen unterrichtet, allerdings gelang es nur wenigen, die Ausbildung abzuschließen.

Tata sagt, sie sei bis heute in der *tarekat*. Ich erinnere mich, dass ich ihr einmal dabei zusah, wie sie in einer Endlosschleife den Namen Gottes sang (*zikir*) und dabei ihren Kopf hin und her wiegte. Anscheinend ist das eine der Besonderheiten der Bruderschaften. Mein kleiner Bruder Budhi erklärte ihr dazu einmal, dass sie auf diese Weise Gefahr laufe, sich ihr Genick zu ruinieren, und ihre Gesundheit leichtfertig aufs Spiel setze. Budhi war der Ansicht, dass Tatas Lehrer bereits einen äußerst schiefen Hals habe und seinen Kopf nicht mehr richtig halten könne, was wohl einer Verletzung der Halswirbelsäule geschuldet sei. Ein Mitglied der Bruderschaft hat sich vor nicht allzu langer Zeit auf meiner Internetseite zu Wort gemeldet und eine ganz andere Einschätzung abgegeben. Er schrieb, er praktiziere *zikir* leidenschaftlich und würde es genießen, den Hals zu verdrehen und den Kopf hin und her zu reißen. Er meint, sein Körper würde sich dabei leicht anfühlen. Es sei wie fliegen und sein Geist sei erfüllt von positiven Gedanken.

Manche Leute behaupten, dass islamische Bruderschaften eine besondere Form der religiösen Pflichterfüllung praktizierten, eine zusätzliche Übung für diejenigen, welche die islamische Lebensweise schon vervollkommnet und alle religiösen Pflichten erfüllt hätten. Andere sagen, islamische Bruderschaften seien ein Ort für Enttäuschte, eine Art spirituelle Flucht vor weltlichen Problemen. Habib Luthfi Yahya aus Pekalongan ist Lehrer der Bruderschaft *Syaziliyah*. Er sagt, dass die Rituale der Bruderschaften dazu dienen, die Religiosität auf eine höhere Stufe zu heben. Jedoch sollten dies nur Menschen tun, die körperlich und geistig dazu auch in der Lage sind. Tatsächlich sind Bruderschaften nur etwas für Menschen, die auch in der weltlichen Sphäre Verantwortung übernehmen und ihren eigenen Lebensunterhalt oder den der Familie bestreiten können. Dennoch hört man oft von Männern, die sich in eine Bruderschaft zurückziehen, für eine bestimmte Zeit ihre Arbeit verlassen und sich nicht um ihre Familie kümmern.

Nun aber zurück zur Kopftuchfrage. Donna Lestari ist Sekretärin im Büro von *Aceh Feature*, dem journalistischen Internetportal, das ich in Aceh aufgebaut habe. Sie gehört neben Tata zu den Frauen in meiner unmittelbaren Umgebung, die ein Kopftuch tragen. Anders als Tata wird sie in Aceh allerdings per Gesetz dazu gezwungen. Eines Tages trug sie nur einen Schal und folgte damit dem Beispiel der Nationalheldin Cut Nyak Dhien, einer islamischen Widerstandskämpferin, die im antikolonialen Krieg Acehs gegen die Holländer gekämpft hatte. Cut Nyak Dhien kleidete sich so, wie es in Aceh zu Beginn des 20. Jahrhunderts alle muslimischen Frauen taten. Der Kopf wurde nur teilweise mit einem Schal bedeckt. Von Kopftüchern keine Spur. Es gibt aus dieser Zeit des ausgehenden Sultanats sogar Aufnahmen von Frauen, die ihren Kopf überhaupt nicht bedecken. Der Kopftuchzwang in Aceh ist vollkommen ahistorisch. Cut Nyak Dhien trug außerdem Pluderhosen und in ihrem Hosenbund den traditionellen Dolch (*rencong*) Acehs. In Meulaboh an der Westküste von Aceh werden heute Frauen im Namen des Islam dazu gezwungen, Röcke zu tragen.

Donna wurde bereits zweimal von der sogenannten Schariapolizei (*Wilayatul Hisbah*, WH) Acehs angehalten, weil sie kein Kopftuch trug. Der Kommandant der WH in Banda Aceh, Acehs Hauptstadt, erklärte dazu, dass jede Frau beim dritten Verstoß dieser Art mit einer Verurteilung zu drei öffentlich verabreichten Stockschlägen auf ihr Hinterteil zu rechnen habe. Andere WH-Beamte haben ihr gedroht, sie in einem speziell dafür vorgesehenen Raum zu »erziehen«. Angeblich existiert bereits ein Gefängnis für Frauen wie Donna, die wiederholt ohne Kopftuch angetroffen wurden.

Donna hat keine Angst vor der WH, ist aber besorgt, dass ihre Familie bedroht werden könnte. Wie damals, als das Militär versuchte, die Familien derjenigen einzuschüchtern, die sich gegen die Militärdiktatur auflehnten oder die verdächtigt wurden, der GAM anzugehören. Früher fürchteten die Menschen das Militär, heute die Scharia.

Die schlimmste Form von Gewalt gegen Frauen im Namen des Islam fand Ende 2009 in Langsa, Ostaceh, statt: eine Vergewaltigung. Drei Angehörige der WH hatten eine Studentin Anfang 20 verhaftet und sie dann im Büro der WH abwechselnd vergewaltigt. Der Frau war vorgeworfen worden, *maksiat* begangen zu haben, das heißt, sie wurde verdächtigt, noch vor der Heirat mit einem Mann intim geworden zu sein. Beweise dafür gab es keine. Der Mann, mit dem die Studentin angetroffen wurde, konnte nach Hause gehen, während die Frau vergewaltigt wurde. Die Reaktionen aus Kreisen der WH waren sehr unterschiedlich. Einige behaupteten, es seien Unbekannte gewesen, die nichts mit der WH zu tun hätten. Andere sagten, dass es durchaus rechtmäßig gewesen sei, da die Frau ihre Unschuld schließlich bereits verloren hatte. Es spielt überhaupt keine Rolle, ob sie noch Jungfrau war oder nicht. Dieses bösartige Verbrechen muss mit aller Härte bestraft werden.

Im Jemen, wo das islamische Recht teilweise auch gilt, steht auf Vergewaltigung die Höchststrafe. Der Verurteilte wird auf einen öffentlichen Platz geführt. Dort wird ein rotes Tuch ausgebreitet. Der Verurteilte muss sich dann mit dem Gesicht auf das Tuch legen und wird vom Scharfrichter (*algojo*) mit einem Kopfschuss vor den Augen seiner Familie und der Öffentlichkeit hingerichtet.

Vor einiger Zeit gab es einen Bericht über die Umsetzungspraxis der Scharia im Distrikt Bireuen an Acehs Ostküste. Dort forderte eine Gruppe dazu auf, Frauen ohne Kopftuch, die einen Verkehrsunfall erleiden, die Hilfe zu verweigern. Der Prophet Mohammed ist davon ganz sicher nicht begeistert, schließlich lebt er islamischen Glaubensvorstellungen zufolge noch immer unter uns.

Ein Freund aus Aceh erzählte mir, dass man bei der Bekämpfung der Gewalt gegen Frauen in Aceh nicht auf die Akademiker zählen könne. Zu viele hätten die Gewalt und die Vergewaltigungen von Frauen während des Konfliktes verdrängt. Einige behaupten sogar, all das hätte nie stattgefunden. Gerade wegen der Scharia weigern sich in Aceh viele, offen über Gewalt gegen Frauen und Vergewaltigungen zu sprechen. Ein Hochschullehrer behauptete einmal mir gegenüber voller Überzeugung, dass die Ursache der Gewalt gegen Frauen in ihrer Mimosenhaftigkeit begründet liege. Ach ja? Wenn dem so ist, liebe Frauen in Aceh und wo auch immer in der Welt, lasst uns gemeinsam Widerstand leisten und so lange keine Träne mehr vergießen, bis unser gemeinsamer Feind vernichtet ist.

Schreib ja nicht, dass wir Terroristen sind!

Tengku Mustafa sitzt neben mir auf der Rückbank. Er ist in den Zwanzigern, klein, dünn, von dunklem Teint und bartlos. Seinen Kopf schmückt eine schief sitzende *kopiah* aus schwarzem Samt. Dazu trägt er eine Synthetikjacke. Er ist einsilbig an diesem Morgen. Immer wieder schläft er ein. Wenn er aufwacht, starrt er ins Leere und wirkt angespannt.

Mustafa hat die Koranschule *Darul Istiqomah* in Bireuen an der Ostküste Acehs besucht. Er wird deshalb *ustadz* genannt und hält hier und da Predigten. Der Weg nach *Darul Mujahiddin* ist ihm vertraut. Er kennt den Leiter der Koranschule, von dem er nur ehrfurchtsvoll in der dritten Person spricht. Vorn sitzen Teuku Zulfahmi, der eigentlich nur Fahmi genannt wird, und Tu Nazir, der den Wagen fährt.

Nach einiger Zeit ruft Mustafa jemanden mit seinem Handy an. Nach dem Gespräch erklärt er mir: »Es muss mit Kopftuch sein. Eine Hose kommt nicht in Frage. Entweder mit einem Rock oder mit einem Sarong.« Ich trage ein langärmeliges Baumwollhemd, eine lange Hose und ein Tuch um den Hals. Ich zeige ihm das Tuch und frage ihn, ob es genügt, wenn ich mein Haar damit bedecke. »Das geht auf keinen Fall. Ein Kopftuch muss sein«, erwidert er herrisch. »Ich darf also das *dayah* nicht betreten?«, frage ich ihn.

Nun meldet sich Tu Nazir zu Wort: »Also wenn du mit dem Tuch gehen möchtest, dann gehst du mit dem Tuch. Ohne ist auch kein Problem. Hauptsache, du fühlst dich wohl. Wir kommen da auf jeden Fall rein. Wer auch immer das *dayah* besuchen möchte, wird eingelassen. Man weist dort keine Gäste ab.«

»In dieser Welt darf man doch alles, außer die Eltern und den Koran erschaffen«, erklärt er uns. Fahmi sagt lachend: »Wenn Tu dabei ist, gibt es nichts, das man nicht darf.« Mustafa sagt zu alldem nichts. Er ist zu erschöpft und zu müde für große Debatten. Er, Tu Nazir und einige Schüler aus einem islamischen Internat im Stadtteil Darussalam in Banda Aceh haben die ganze Nacht hindurch gebetet, um einen verborgenen Schatz zu heben. Selbst der Hilfe eines Dschinns haben sie sich versichert, indem sie ihn mit türkischem Opium aus Duftholzharz bestochen haben. Der verborgene Schatz ließ sich beim Graben allerdings nicht finden. Außer ein paar alten Porzellanscherben, etwas Gold und ein paar alten Münzen gab es nur haufenweise Muschelkalk.

Mustafa gibt keinen Laut mehr von sich. Er ist wieder eingeschlafen.

Tu Nazir ist von durchschnittliche Statur und dunkelbraunem Teint. Zwischen seinen Augenbrauen hat er eine sehr dunkle Stelle von den vielen Berührungen des rauen Bodens beim Beten. Seine tiefen Augenringe lassen vermuten, dass er ohne viel Schlaf auskommt. Er trägt einen üppigen Oberlippenbart. Sein Kinn ist kahl. An diesem Morgen trägt er ein braun-rotes Batikhemd. Tu bedeutet Vater auf Acehisch und wird als respektvolle Anrede verwendet. Geboren wurde er vor 52 Jahren als Naziruddin. Er hat vier Frauen und vier Kinder. Tu sagt dazu: »Ich bin es hier, der gejagt wird, dem sich die Frauen andienen. Selbst schuld. Zeig mir ein Krokodil, das freiwillig eine Beute ausschlägt!«

»Mein Urgroßvater wurde schon Tu genannt. Die Anrede wurde von Generation zu Generation weitergegeben. Meine Großmutter hat mir erzählt, dass mein Urgroßvater sich mit Rechtsfragen auskannte«, erzählt er.

Tus Leben war ein einziges Abenteuer. Während des Konfliktes zwischen der GAM und der indonesischen Regierung hat er einmal die Stromversorgung eines ganzen Distriktes lahmgelegt. »Der staatliche Stromversorger hatte damals offensichtlich seine ganz eigene

Methode, den Stromverbrauch zu berechnen, und warf mir vor, ich sei mit meinen Zahlungen im Rückstand. Mir wurde also der Strom abgestellt, und ich dachte so bei mir, wenn es in meinem Haus dunkel bleibt, dann verdunkle ich eben den kompletten Subdistrikt. Am Ende hatte ich die Stromversorgung des ganzen Distrikts lahmgelegt.« Tu erzählt lachend, dass er damals 36 Zentraltrafos mit TNT in die Luft gesprengt habe. Von der Geschichte war damals auch in Acehs größter Tageszeitung *Serambi Indonesia* zu lesen. Das Militär vermutete die GAM hinter dem Anschlag.

Das war jedoch noch nicht alles. Eines Tages zündete er auch das Verwaltungsgebäude der Subdistriktregierung an, das gleichzeitig als Quartier für die Polizei und das Militär fungierte. Die Spezialstreitkräfte des indonesischen Militärs (*Kopassus*) beschuldigten abermals die GAM der Tat.

Nachdem die Luft immer dünner für ihn wurde, entschied sich Tu, nach Jakarta zu gehen. Während seiner Flucht konnte er sich kaum über Wasser halten, bis er auf Habib Sultan traf, der ein Geschäft in Bekasi besaß und Mitglied der *Jamaah Tabliq* war. Tu bat ihn um Arbeit, und ehe er sich versah, war er mit einer Gruppe Tabliqis für 40 Tage nach Thailand und Indien unterwegs. Die Anhänger der *Jamaah Tabliq* reisen von Stadt zu Stadt und von Land zu Land, um mit einfachsten Mitteln den Islam zu predigen. Ihr religiöses Zentrum liegt in Pakistan. Nicht lange nachdem Tu zur *Jamaah Tabliq* gestoßen war, kam er auch in Kontakt zu radikalen islamischen Gruppierungen. Einige Zeit später erhielt er vom Militär einen Spezialauftrag, über den er aber nicht im Detail sprechen möchte.

»Mir wurde die Adresse eines Mannes namens Amrozi gegeben. Eigentlich war ich dafür der Falsche. Sei es drum, dachte ich mir. Durch ihn lernte ich auch Imam Samudra kennen, der in Geld zu schwimmen schien. Ich habe ihn in einer Diskothek in Nagoya auf Batam getroffen«, erzählt er, während er fährt. In welchem Jahr das Treffen stattgefunden hat, weiß er nicht mehr. Der Name Imam Samudra geriet erstmals nach einem Bombenanschlag auf eine Kirche in Batam am Weihnachtsabend 2000 in die Schlagzeilen. Angeblich hatte er den Anschlag mitgeplant. Auch Fauzi Hasbi, ein ehemaliger hochrangiger Befehlshaber der GAM, der später als Informant für das indonesische Militär arbeitete, soll an diesem und an einem weiteren Anschlag Anfang 2011 beteiligt gewesen sein.

In seinem Programm *Dateline* strahlte der australische Fernsehsender *SBS* am 12. Oktober 2005, dem dritten Jahrestag des Bombenattentates auf den Sari-Club auf Bali, den Dokumentarfilm »Inside Indonesia's War on Terror« aus. Die Dokumentation analysiert die Verwicklungen des indonesischen Militärs in die Bombenanschläge. Lamkaruna Putra, der Sohn von Fauzi Hasbi, präsentiert in dem Film offizielle Dokumente des indonesischen Militärs aus den Jahren 1990 und 1995, die belegen, dass sein Vater für das Militär gearbeitet hat.

Fauzi Hasbi ist der Sohn von Abu Hasbi Geudong, einem Führer der Darul Islam in Aceh, der als »zweiter Mann« der Darul Islam nach Daud Beureueh zu einiger Bekanntheit gelangte. In besagtem Dokumentarfilm wird erzählt, dass Fauzi im Jahre 1985 nach Malaysia reiste. Zur selben Zeit wie die beiden ehemaligen Führer der Darul Islam in Zentraljava, Abdulah Sungkar und Abu Bakar Ba'asyir. Im Jahre 2002 arbeitete Fauzi als Spezialagent für den indonesischen Geheimdienst (*Badan Intelijen Negara*, BIN) und kam am 22. Februar 2003 unter ungeklärten Umständen in Ambon, der Hauptstadt der indonesischen Provinz Molukken, ums Leben. Laut Tu, der Fauzi kannte, starb er jedoch nicht in Ambon, sondern in der Stadt Poso in Zentralsulawesi.

Umar Abduh, der während der Neuen Ordnung ein Flugzeug der staatlichen Fluggesellschaft Garuda auf seinem Weg nach Bangkok entführt und dafür zehn Jahre im Gefängnis verbracht hatte, erzählt in dem Film, dass Fauzi im Januar 2001 an einem Treffen der islamistischen Terrororganisation *Jemaah Islamiyah* (JI) in Kuala Lumpur teilgenommen habe, auf dem verschiedene Gewaltaktionen geplant worden seien. Bei dem Treffen waren auch Abu Bakar Ba'asyir, Abu Rela aus Mindanao (Südphilippinen), Abdul Fatah aus Patani (Südthailand) und einige Leute aus Sulawesi und Westjava in Indonesien anwesend. Hambali leitete das Treffen. Laut

Fauzis Sohn Lamkaruna wusste niemand bei diesem Treffen, dass sein Vater für den Geheimdienst arbeitete. Einen Monat bevor die Dokumentation ausgestrahlt wurde, kam Lamkaruna bei einem Flugzeugabsturz ums Leben.

Der Name Imam Samudra machte erneut im Zusammenhang mit den Bombenanschlägen von Bali Schlagzeilen. Am 12. Oktober 2002 wurden in einer Bar und einem Nachtclub in Kuta Bombenattentate verübt, die 202 Menschen in den Tod rissen. Imam Samudra und Amrozi wurden der Beteiligung an den Attentaten für schuldig befunden und am 9. November 2008 durch Gewehrschüsse exekutiert. Beide waren Mitglieder der *Jemaah Islamiyah,* die von den Vereinten Nationen als terroristisches Netzwerk eingestuft wird.

»Als was arbeitest du jetzt?«, frage ich Tu. »Was auch immer. Straßengräben ausheben zum Beispiel«, antwortet er mir, als sei er ein Kuli.

Tu ist ein Neffe mütterlicherseits von Humam Hamid und Farhan Hamid. Humam trat bei den Gouverneurswahlen 2006 in Aceh als Kandidat der Vereinigten Entwicklungspartei (*Partai Persatuan Pembanggunan,* PPP) an, unterlag aber dem ehemaligen GAM-Kader Irwandi Yusuf. Farhan wiederum ist stellvertretender Vorsitzender der indonesischen Volksversammlung (*Majelis Permusyawaratan Rakyat Republik Indonesia,* MPR-RI), die mit der Bundesversammlung in Deutschland vergleichbar ist. Tus Vater ist der respektierte Ulama Tengku Muhammad Amin Arbi alias Abun Tanjungan Samalanga. Ihm hat er es zu verdanken, dass er problemlos Zugang zu den ländlichen Koranschulen (*dayah*) hat und dort respektiert wird.

»Tus Vater war der Lehrer von Abati und dieser wiederum der Lehrer von Tengku Muslim At-Tahiry«, erzählt Fahmi. Tengku Muslim ist der Leiter von *Darul Mujahiddin,* dem *dayah,* das wir besuchen werden. Fahmi begleitet mich auch dieses Mal wieder. Vor zwei Jahren half er mir, ehemalige Kämpfer der GAM von Pidie bis Westaceh zu interviewen, die damals gemeinsam mit Hasan di Tiro die Unabhängigkeit Acehs erklärt hatten.

Die Kleidung, die Fahmi an diesem Morgen trägt, passt eher in eine Winterlandschaft als in die Tropen. Er hat einen Kunstledermantel an, dessen Kragen mit Fellimitat besetzt ist. So schützt er sich gegen die kalte Klimaanlage des Autos, die er so gar nicht schätzt. Ohne die Klimaanlage wird er beim Autofahren allerdings schnell ohnmächtig. Es geht ihm nicht sonderlich gut. Er klagt über Übelkeit und Schwindel.

Endlich biegt der Wagen in die Straße Line Pipa im Dorf Blang Weu Panjoe. Links und rechts umschließt uns dicht der Dschungel, ähnlich wie entlang des Weges nach Pidie an Acehs Ostküste oder nach Geumpang in Westaceh. Dann erscheint am rechten Straßenrand ein Schild mit der Aufschrift *Zawiyah Darul Mujahiddin*, der Name des *dayah*. Am Eingang des Komplexes befindet sich ein kleiner Kiosk mit Snacks und Getränken, vor dem eine Frau mit Kopftuch sitzt. Nicht weit davon steht ein Wachposten, dekoriert mit rotem Stoff, der arabische Lettern und darunter ein Rencong, einen acehischen Dolch, zeigt. Irgendjemand hat eine Kuh an den Wachposten gebunden. Hinter der schweigsamen Kuh erhebt sich ein Rohbau, der von allen Seiten durch Bambusstangen abgestützt ist. Zwei Bauarbeiter laufen auf dem Gebäude herum.

Die Häuser auf dem Hof des *dayah* sind allesamt sehr einfach konstruiert. Die Dächer sind entweder mit Wellblech oder Palmenblättern gedeckt und die Wände bestehen entweder ganz oder teilweise aus Sperrholz. Ich laufe zu einem der Gebäude und fotografiere die Hausordnung, die an einer Hauswand angeschlagen ist. Plötzlich kommt ein Mann auf mich zu und fragt mich, was ich hier wolle. Er befiehlt mir mit strengem Blick, meinen Schal weiter in die Stirn zu ziehen, weil meine Haare noch zu sehen sind. Fahmi geht beherzt dazwischen und erklärt ihm, dass wir den Leiter des *dayah* zu sehen wünschen. Der Schüler erklärt uns, Tengku Muslim sei gerade in Langsa in Ostaceh, um dort zu predigen.

Das *dayah* war in der Vergangenheit in die Schlagzeilen geraten. Erst hatten die Schüler islamische Bekleidungsrazzien durchgeführt und damit die Anwohner ziemlich gegen sich aufgebracht. Später wurde dann dem Sekretär des *dayah*, Tengku Mukhtar Ibrahim, nachgewiesen, dass er an der Ausbildung vermeintlicher Terroristen in der Bergregion Jalin bei Jantho, der Hauptstadt des Distrikts Aceh Besar, beteiligt gewesen war. Mukhtar stellte sich der Polizei, bevor sie ihn festnehmen konnte, und übergab ihr ein Maschinengewehr der Marke M 16, drei Pistolen der Marke Colt und hunderte Schuss Munition. Tengku Muslim hatte Mukhtar davon überzeugt, sich zu stellen, als er erfahren hatte, dass er ins Visier der Polizei geraten war. Auch Muslim war von der Polizei verhört, aber nicht festgenommen worden. Mukhtar blieb in Polizeigewahrsam und wurde später nach Jantho in ein Gefängnis überstellt.

Im Februar 2010 war die Polizei schwer damit beschäftigt, die 120 »Auszubildenden« des Trainingslagers dingfest zu machen. Angeblich hatten sie vor, mehrere Hotels und Botschaften anzugreifen und am 17. August 2010, dem Nationalfeiertag Indonesiens, ein Bombenattentat auf den Präsidenten Susilo Bambang Yudhoyono zu verüben.

Die Mitglieder der Gruppe waren bis nach Medan in Nordsumatra und in die Hauptstadt Jakarta verfolgt worden. Dulmatin, einer der Anführer, wurde bei einem Zugriff in Pamulang, im Süden der Stadt Tangerang bei Jakarta, getötet. Abu Bakar Ba'asyir wurde wegen der Planung und Finanzierung des militärischen Trainings angeklagt. Ihm drohte nach der Antiterrorismusgesetzgebung die Todesstrafe.

Ba'asyir war einige Male nach Aceh gereist. Im Jahr 2006 hatte er sich eine Woche in einer Notunterkunft für Tsunamiopfer in Jantho aufgehalten. Sein Neffe Abdul Rozak Ba'asyir arbeitete dort als Freiwilliger für die chinesische Hilfsorganisation *Buddha Tzu Chi,* die ihren Hauptsitz in Taipeh auf Taiwan hat. Die Organisation baute vor allem Häuser für Tsunamiopfer. Während *Buddha Tzu Chi* Häuser in Neuheun in Krueng Raya (Distrikt Aceh Besar) baute, kehrte Ba'asyir abermals zurück und verbrachte drei Tage bei Rozak.

In einem Video von *Buddha Tzu Chi* über den Wiederaufbau Acehs, das auf Youtube abrufbar ist, bezeichnet Meister Cheng Yen, der Gründer der Organisation, Rozak als Inspirationsgeber und

Motivator für die Menschen in den Notunterkünften. In dem Video erwähnt er sogar, dass Rozak der Neffe eines Aktivisten des radikalen Islam sei.

Rozak ist um die fünfzig, hat einen dunklen Teint und trägt einen graumelierten Backenbart. Seine rechte Wange ziert eine lange Narbe, die wohl von einem tiefen Schnitt herrührt. Fahmi traf Rozak erstmals im August 2006, als er noch als Becakfahrer arbeitete. Damals hatte er einen ausländischen Journalisten zu ihm gefahren, selbst aber keine Gelegenheit gehabt, mit Rozak zu sprechen. Später traf er ihn noch einmal zufällig, als er Baumaterialien für *Buddha Tzu Chi* anlieferte.

»Rozak hat mir damals erklärt, er würde die Menschen in Aceh dafür hassen, dass sie sich vom Tsunami zu Bettlern haben machen lassen. Wir sollen Bettler sein? Die Organisationen sind doch von ganz allein gekommen. Rozak war tatsächlich der Meinung, dass die Häuser von *Buddha Tzu Chi* aus Asbest und nicht dauerhaft gebaut seien, weil sie so nach fünf Jahren von ganz allein zusammenfallen würden, die Menschen sie selbst wieder aufbauen müssten und so am Ende doch nicht zu Bettlern würden.« Fahmi, der keine Hilfe erhalten hat, weil er nicht als Tsunamiopfer anerkannt wurde, beendet die Geschichte in schallendem Gelächter.

»Damals habe ich auch die Chefin von Rozak getroffen, eine Chinesin, die nicht sehr glücklich aussah. Sie war mit einem ranghohen Soldaten der Spezialkräfte des indonesischen Militärs in Jakarta verheiratet und sprach fließend Indonesisch«, erzählt Fahmi weiter.

Rozaks Onkel, Abu Bakar Ba'asyir, ist neben Abdullah Sungkar als Mitbegründer der *Jemaah Islamiyah* (JI) zu zweifelhafter Berühmtheit gelangt. Sie hatten JI im Jahre 1996 gegründet, nachdem die Darul-Islam-Bewegung, die später als Bewegung indonesischer Islamstaat (*Negara Islam Indonesia*) bekannt wurde, in verschiedene Fraktionen zerbrochen war. Später sollte sich herausstellen, dass das Terrornetzwerk für Bombenattentate auf zahlreiche Kirchen in verschiedenen Städten, auf eine Bar und einen Nachtclub in Bali sowie auf eine Botschaft und mehrere Hotels in Jakarta verantwortlich war.

Auch das *dayah Darul Mujahiddin* gilt neben dem Trainingslager in Jantho als militärischer Ausbildungsort für selbsternannte Gotteskrieger (Mudschahed). Der Schüler, der mich eben angesprochen hat, wird immer unsicherer und erklärt mir, dass er nicht berechtigt sei, mir Auskunft über das *dayah* zu geben. »Es ist besser, wenn Tengku Muslim das später alles selbst erklärt«, sagt er ausweichend.

Trotzdem stellen wir uns gegenseitig vor. Hairul Riza lernt seit drei Jahren im *dayah*. Zuvor hat er das Gymnasium in Paya Bakong in Nordaceh besucht. Während des Konfliktes war das Dorf als »rote Zone« bekannt. Hier kam es besonders häufig zu Zusammenstößen zwischen dem indonesischen Militär und der GAM. In Paya Bakong steht eine Gasraffinerie von Exxon Mobil, besser bekannt unter dem Namen PT. Arun. Das US-amerikanische Unternehmen unterstützte das indonesische Militär bei seinen Menschenrechtsverbrechen in dieser Gegend, Folter, Tötungen und Vergewaltigungen eingeschlossen. Im März 2006 forderte der oberste US-Bundesrichter nach Sichtung der Beweislage auf Grundlage einer von elf Bewohnern des Dorfes Paya Bakong eingereichten Beschwerde die Gemeinde auf, ein Verfahren gegen Exxon Mobil anzustrengen.

Hairul ist 20 Jahre alt. Sein Haar ist kurz geschnitten. Er trägt ein gelbes Hemd und einen weiß-rosa karierten Sarong. Aus seinem rotbraunen Gesicht blicken scharf beobachtende Augen. »Zeig mir doch das Übungsgelände, von dem in der Zeitung die Rede war«, bitte ich ihn. Fahmi spricht darauf auf Acehisch mit ihm. Hairul erwidert, dort sei schon alles überwuchert und es gebe den Platz nicht mehr. Ich sage ihm, dass ich nur einen Blick darauf werfen wolle. Gemeinsam besteigen wir einen Abhang. Mustafa begleitet uns, während Tu an dem kleinen Laden vor dem *dayah* wartet.

Vor mir erstreckt sich ein kleines, von Unkraut überwuchertes Feld. Wo auch immer man hinschaut, ist nichts als Grün zu sehen. In der Ferne sehe ich den Waldrand. Am weißen Himmel ziehen graue Wolken vorbei. Von der Anhöhe blicke ich auf eine schiefe Holzhütte hinunter. Nur die Hälfte der Hütte hat Wände aus Bambusflechtwerk. Der Rest ist offen einsehbar. Der Boden besteht aus wild aufeinandergeschichteten Bambuslatten und Brettern, dazwischen unzählige Spalten und Ritzen. Hairul erklärt uns, dass dort die Schülerinnen unterrichtet werden. »Sieht aus, als würde die Hütte jeden Moment zusammenbrechen«, flüstert Mustafa mir zu.

Das Wohnhaus von Tengku Muslim steht unweit der Hütte. Es ist weiß gestrichen. Vor dem Haus parkt ein alter Sedan. Nachdem ich alles fotografiert habe, gehen wir zu dem kleinen Laden zurück, um uns zu setzen. Ich beginne Hairul zu interviewen. Zuerst frage ich ihn, weshalb er in das Pesantren gekommen sei. Hairul ist der Älteste von sieben Kindern. Er erzählt, dass er mit seiner Entscheidung nur die ihm von Allah aufgetragenen Pflichten erfülle. Das ist natürlich nur die offizielle Version seiner Geschichte. Tengku Muslim wird mir später erzählen, dass seine Familie die Eskapaden ihres Kindes nicht länger ertragen und ihn zur Erziehung in das *dayah* geschickt habe. Im *dayah* leben circa einhundert Schülerinnen und Schüler.

»Was weißt du über diese militärischen Trainings?« »Hier haben keine Terrortrainings stattgefunden, wie die Zeitungen behaupten. Aber Trainings für Gotteskrieger hat es gegeben. Es geht darum, Palästina zu verteidigen. An der Ausbildung haben ungefähr einhundert Leute teilgenommen. Die Trainer kamen von der Front der Verteidiger des Islam (FPI, *Front Pembela Islam*). Die FPI hat sich die Erlaubnis von der Leitung geholt und die Trainings ganz offiziell durchgeführt. Das wurde alles in den Medien angekündigt«, erzählt Hairul. Fahmi nickt zustimmend: »Lange bevor die Trainings anfingen, hat Yusuf Al Qardhawi, der FPI-Führer der Gegend, eine Registrierungsstelle eingerichtet.«

»Sie haben Selbstverteidigung geübt, eine Art Karate. Außerdem wurde der Koran gelehrt und es gab mentale Übungen, zum Beispiel Vorträge vor der Klasse zu halten. Die Teilnehmer kamen aus ganz Aceh, aus Ostaceh, Westaceh, aus ganz Aceh eben. Ich habe auch mitgemacht«, erzählt Hairul.

Hairul selbst hat sich nicht auf den Weg nach Palästina gemacht. Was war der Grund? »Ich bereitete mich gerade darauf vor, die Heilige Schrift des Koran zu studieren.« Hairul ist Mitglied der FPI. »Ab und zu gibt es Seminare, an denen ich teilnehme. Das letzte stand unter dem Thema ›Jihad ja, Terrorismus nein‹ und fand in Banda Aceh statt«, erzählt er stolz. Ich frage ihn, weshalb er bei der FPI sei. »Weil es eine Organisation der Anhänger der sunnitischen Gemeinschaft ist (*ahlul sunnah wal jamaah*). Jeder Muslim hat die Pflicht, Dienst zum Wohle der Gemeinschaft (*amar makruh nahi mungkar*) zu verrichten. Außerdem kenne ich noch keine andere Organisation.« Ich entgegne ihm, dass die FPI häufig durch gewalttätige Aktionen auf sich aufmerksam mache und Andersgläubige bedrohe. Ich frage ihn, ob er meine, dass das zum Programm der FPI gehöre.

»Wenn die Christen den Islam stören und beleidigen, muss darauf reagiert werden«, antwortet Hairul. Ich frage ihn, welcher Art diese Beleidigung denn sei. »Jetzt gelten ja schon die Menschenrechte. Wenn man Kindern Gewalt beibringt, verletze man die Menschenrechte, heißt es. Dabei ist es im Islam erlaubt, den Kindern das beizubringen. Wenn zum Beispiel Christen in ein islamisches Land kommen und den Islam nicht respektieren, gebietet der Islam, gegen sie in den Krieg zu ziehen.« Als ich einwende, dass Indonesien kein islamisches Land sei, schweigt er.

Ich frage ihn, weshalb die FPI nicht die Menschen in Aceh verteidigt, die Konfliktopfer sind, und stattdessen für die Menschen im weit entfernten Palästina kämpft. »Die FPI diskutiert die Situation in Indonesien nicht. Sie hilft nur Palästina«, erklärt mir Hairul.

Dann erkundige ich mich nach dem Grund dafür, dass ich meinen Kopf verschleiern muss. Er hatte mich ja zuvor aufgefordert, meinen Schal weiter in die Stirn zu ziehen, um meine Haare zu bedecken. Hairul lacht nur und sagt erst einmal nichts. Ich hake nochmals nach und frage ihn, weshalb das Haar von Frauen nicht sichtbar sein darf. Dann antwortet er: »Wegen der Scham. Wahrscheinlich weil sie die Frauen schmücken und aufreizend für die Männer sind.« »Wie steht es mit meinen grauen Haaren? Sind die auch für Männer aufreizend?«, frage ich ihn lachend. Hairul wirkt etwas verschüchtert und sagt: »Es ist das Verlangen, das die Männer reizt, vielleicht auch eine Versuchung des Teufels.« Ich frage ihn also, weshalb dann die Frauen dafür verantwortlich gemacht werden, wenn das Problem doch offensichtlich bei den Männern liegt. Er lacht und sagt dann: »Mein Wissen reicht noch nicht aus, um diese Frage zu beantworten.«

Hairuls Telefon klingelt. Tengku Muslim ist am Telefon. Er möchte mit Tu Nazir sprechen. Tu spricht Acehisch mit ihm. Ich verstehe nur einige wenige Sätze. Er erklärt ihm, dass er mit Fahmi, dem Sekretär von Abi Lampisang, gekommen sei. Abi Lampisang ist der Gründer der islamischen Gabthat Partei. Tu gibt Hairul das Handy zurück und wir unterhalten uns weiter. Hairul erzählt, dass die Schüler bei den Anwohnern der Umgebung auf den umliegenden Reisfeldern und Märkten Spenden für das Internat sammeln. Von der Regierung gibt es keine Zuschüsse.

Hairuls Telefon klingelt erneut. Es ist wieder Tengku Muslim, der uns bittet, bei ihm zu Hause vorbeizukommen. Seine Frau hat schon Getränke vorbereitet. Hairul spricht die Einladung nur meinen drei männlichen Begleitern gegenüber aus. Mich würdigt er keines Blickes. Ich laufe voraus die Anhöhe zum Haus von Tengku Muslim hinauf. Meine Begleiter und Hairul bleiben noch einen Moment am Kiosk sitzen. Aus dem Hilfsposten für Palästina neben dem neu errichteten Gebäude ruft plötzlich jemand: »Hai, gib ihr einen Sarong!« Die Anweisung ist für Hairul bestimmt. Laut Hairul tagt dort gerade der Lehrerrat. Die Lehrer haben offensichtlich etwas dagegen, dass ich mit einer Hose bekleidet und ohne »ordentliches« Kopftuch das Haus ihres Führers betrete.

»Los, Linda, wir fahren nach Hause«, ruft Fahmi zu mir herüber. »Wir kommen ein anderes Mal wieder. Es kann nicht angehen, dass sie dir einen Sarong aufzwingen wollen.« Er ist verärgert. Ich drehe auf der Stelle um und laufe die steile Straße wieder hinab. Wir beeilen uns zum Auto zu kommen. Hairul weiß nicht, wie ihm geschieht. Bevor ich ins Auto steige, fotografiere ich noch das Eingangsschild des *dayah*. Aus dem Nichts taucht ein Moped mit zwei Männern in weißen Roben auf, das auf mich zuhält. Der

Mann auf dem Rücksitz des Mopeds schreit: »Was fotografierst du da?« Das Moped hält an.

Ich kümmere mich nicht weiter um die Beiden, gehe zum Auto und öffne die Tür. Auf dem Rücksitz sitzt schon Teungku Mustafa. Einer der beiden Robenträger kommt auf das Auto zu und befragt lauthals Tu Nazir, der gerade losfahren will. Sein Gesicht ist ziemlich aufgedunsen. Er trägt einen Backenbart. Seine Augen sind weit aufgerissen. Tu antwortet ihm ruhig, dass ich eine Journalistin sei, die gehört habe, dass es sich bei dem *dayah* um ein Terroristennest handele, und gekommen sei, um dem nachzugehen.

Währenddessen steht Fahmi noch neben der Vordertür des Wagens und spricht geschäftig in sein Handy. Den auf uns einredenden Robenträger neben ihm straft er mit Missachtung. Dieser sagt zu Tu: »Ein Journalist? Früher war mal ein Journalist von der BBC für ein Interview hier. Er hatte 50 Säcke Zement dabei. Wer hierher kommt, muss etwas spenden.« In diesem Moment wendet sich Hairul an den Mann und sagt etwas zu ihm, das ich nicht hören kann. Während die Beiden noch sprechen, fahren wir bereits in Richtung Hauptstraße. Dann schreit er uns noch hinterher: »Schreib ja nicht, dass wir Terroristen sind! Schreib ja nicht, dass wir Terroristen sind!«

Kurz darauf meldet sich Tu bei Tengku Muslim und erzählt ihm vom Verhalten seiner Schüler. Tengku Muslim entschuldigt sich und erklärt, dass sie Kleinkriminelle seien, einige sogar ehemalige Häftlinge, die er zum Teil direkt aus dem Gefängnis geholt habe.

Mustafa sieht schockiert aus. Er hat wohl nicht damit gerechnet, dass sich die Lehrer und Schüler im *dayah* derart verhalten würden. Er kommentiert den Vorfall mit den Worten: »Früher haben die Leute in Aceh keine Roben angezogen, sondern so wie ich eine *Kopiah* und einen Sarong oder eine Hose getragen.« Tu sagt: »Das ist doch keine ordentliche Koranschule. Die Schüler tun gerade so, als seien sie bereits *ulama* (Religionsgelehrte).« Mustafa pflichtet ihm bei: »Die lange Robe ist doch sinnlos, wenn sie innen hohl ist.«

Fahmi erzählt vom politischen Hintergrund Tengku Muslims. Früher war er Mitglied der *Partai Bintang Reformasi* (PBR, Partei des Sterns der demokratischen Reformen), die Zainuddin MZ gegründet hatte. Tengku Muslim rief später den Ortsverband der lokalen *Partai Gabthat* in Lhokseumawe an der Ostküste Acehs ins Leben. Fahmi war selbst einmal Generalsekretär der Partei. Bei den lokalen und regionalen Parlamentswahlen in Aceh im Jahr 2009 hatte die Partei jedoch nicht antreten können, weil sie beim Akkreditierungsprozess für lokale Parteien im Jahr 2008 durchgefallen war.

»Mich wundert, dass Tengku Muslim Mitglied der FPI ist. Nachdem wir damals Parteifahnen der *Partai Gabthat* an der großen Moschee (*Mesjid Raya*) in Banda Aceh angebracht hatten, entfernte der FPI-Chef Yusuf Al Qardhawi sie höchstpersönlich, brachte sie uns in einem Karton ins Parteibüro zurück und bestand darauf, dass es verboten sei, Parteiflaggen an Moscheen anzubringen. Eines Tages schickte Yusuf dann ein Rundschreiben an das Büro der *Partai Gabthat,* in dem er um Kämpfer für Palästina warb. Aus seiner Sicht waren wir leichte Beute, weil wir zwar nicht gemeinsame Sache mit der FPI in Aceh machten, aber als gute Muslime galten. Er glaubte wohl, dass wenn eine Zusammenarbeit in Aceh nicht klappte, dann doch sicher für Palästina«, erinnert sich Fahmi.

Trotzdem versteht Fahmi nicht, weshalb die Behörden glauben, dass das *dayah Darul Mujahiddin* und die FPI in terroristische Aktivitäten verwickelt seien: »Der Aufruf zum Jihad nach Palästina war ja eine öffentliche Aktion und lief nicht im Geheimen. Drei Tage zuvor hatte Präsident Susilo Bambang Yudhoyono höchstpersönlich öffentlich dazu aufgefordert, die Souveränitätsbestrebungen Palästinas zu unterstützen. Das bedeutet doch, dass die FPI mit diesem Schritt nur auf die Haltung der Regierung reagiert hat. Trotzdem heißt es danach auf einmal, sie seien Terroristen. Wer weiß, vielleicht ist das ja eine Art Spionageabwehr. Jedenfalls sieht das alles inszeniert aus, allerdings nicht sonderlich gut durchdacht und sehr leicht durchschaubar.«

Fahmi fühlt sich an die Zeit unter Suharto erinnert: »Die Suharto-Regierung kannte sich mit diesem Vorgehen sehr gut aus. Außerdem arbeitete Suharto eng mit der US-Regierung zusammen. In

Aceh hat er versucht, Einfluss auf die Koranschulen zu nehmen, indem er sie unterstützte. Nehmen wir zum Beispiel die Geschichte von Abu Usman Kuta Krueng, dem die Regierung eine Tankstelle gestiftet hat. Ich kenne leider nur Gerüchte, die wirklichen Zusammenhänge müsste mal jemand recherchieren. Außerdem hat General Try Sutrisno, der damalige Oberbefehlshaber des indonesischen Militärs, während der Zeit, als Aceh in den 1990er Jahren militärisches Operationsgebiet (DOM) war, zwei Monate im Haus von Abu Usman gelebt. Was bedeutet das wohl? Natürlich, dass das Militär die Nähe der *dayah* gesucht hat.«

Die FPI wurde am 17. August, dem indonesischen Nationalfeiertag, 1998 in Jakarta gegründet. Ziel der Organisation ist es, das islamische Recht einzuführen und durchzusetzen. Im Jahr 2002 forderte die FPI von der Regierung, das erste Prinzip der indonesischen Staatsphilosophie »Pancasila« (die fünf Prinzipien) – den Glauben an einen Gott – um die Bestimmung zu ergänzen, dass alle Muslime die Scharia, also das islamische Recht, befolgen müssten. Die FPI verfügt über Räte auf der National-, Provinz-, Distrikt- und Dorfebene. Habib Rizieq ist der nationale Vorsitzende und Mitglied im nationalen Rat der Organisation, Abu Bakar Ba'asyir wiederum ist Führer der FPI in der Region Surakarta in Zentraljava.

Die FPI ist bekannt für Aktionen wie die gewaltsame Schließung von Vergnügungsstätten beziehungsweise von Orten, die man für sündhaft hält. Ihre Mitglieder schrecken auch nicht vor Übergriffen auf Andersgläubige zurück und sind bekannt für ihre xenophobe Haltung. Laut dem Internetportal *detik.com* legte die FPI im Jahr 1999 einen Plan zur Beilegung des Konfliktes in Aceh vor, in dem unter anderem die Einführung des islamischen Rechts vorgeschlagen wurde. Einen Monat später wurde dieser Vorschlag im Hauptquartier des indonesischen Militärs in Cilangkap diskutiert, für gut befunden und zur Umsetzung an die indonesische Regierung weitergeleitet. Zu diesem Zeitpunkt war Yusuf Habibie noch Präsident. Drei Monate später, am 20. Oktober 1999, wurde dieser von Abdurrahman Wahid oder Gus Dur, wie er im Volksmund genannt wird, abgelöst.

Auf dem Weg zurück nach Banda Aceh halten wir am *dayah Darul Istiqomah* in der Stadt Bireuen. Mustafa möchte mir zeigen, dass das Gesicht des Islam in Aceh auch andere Seiten hat als die, die uns die Schüler des *dayah Darul Mujahiddin* gezeigt haben. Er erzählt mir, dass *Darul Istiqomah* ein *dayah* der Salafis sei, und erklärt: »Diese Leute glauben, dass für uns nur das Weltliche zählt. Aber wir leben nun mal im Diesseits und bereiten uns in dieser Welt auf das Jenseits vor.«

»Salafi« bedeutet im Arabischen so viel wie Altvordere. Die Salafis folgen einer islamischen Lehre, die sich das gesellschaftliche und religiöse Leben zu Zeiten des Propheten Mohammed zum Vorbild nimmt. Sie lehnen den mystischen Islam (*tasawuf*) ab, da er laut Ibn Taimiyah (1263-1328), ihrem Vorbild und Vordenker, nichts anderes als religiöses Opium sei.

Wir fahren auf den Hof von *Darul Istiqomah,* in dem einige massive Bauten stehen. Das *dayah* ist in einem weitaus besseren Zustand als das andere, das wir besucht haben. Alle Schüler hier sind männlich. Mustafa bittet mich vorsichtig, meine Haare unter dem Schal verschwinden zu lassen. So sehr unterscheidet er sich also offensichtlich doch nicht von Hairul aus *Darul Mujahiddin.* Zumindest formuliert er seine Bitte höflicher als er.

Tu und Fahmi wirken sehr vertraut mit den Leuten hier. Mustafa macht mich mit einigen der Verwalter des *dayah* bekannt. Der Einzige von ihnen, mit dem ich mich schließlich unterhalte, ist Tengku Jamaluddin. Wie sich herausstellt, ist er einer der Schatzsucher vom Anfang unserer Geschichte. Er hat gerade erst eine Magenerkrankung überstanden. Sein Körper wirkt noch schwach und er ist ziemlich blass um die Nase. Jamaluddin trägt Jacke, Sarong und eine weiße *kopiah* auf dem Kopf.

An der Wand des Empfangsraumes, in den wir geführt werden, hängt eine Tafel mit der Organisationsstruktur und den Namen der Verwalter des *dayah.* Auch der Name von Jamaluddin ist dort zu lesen.

Für Jamaluddin ist Gewalt kein Weg im Umgang mit den derzeitigen Herausforderungen in der islamischen Welt. Außerdem lehnt er den gewaltsamen Kampf gegen Anhänger anderer Religionen grundsätzlich ab. »Zu Zeiten Mohammeds wurden Andersgläubige tatsächlich gewaltsam vor die Wahl gestellt, den Islam anzunehmen oder aber bekämpft zu werden. Das heutige System ist doch aber ein anderes. Heute haben wir, anders als zu Lebzeiten des Propheten, einen Präsidenten und eine Regierung. Anders wäre es, wenn uns die Christen tatsächlich belästigen würden. Das tun sie aber nicht. Es gibt lediglich einen Nervenkrieg. Einen Krieg der Ideologien. Die gerade um sich greifende christliche Missionierung muss mit einer Vertiefung der Ideologie beantwortet werden, aber nicht durch einen tatsächlichen Krieg gegen die Christen«, sagt er. Aus der Sicht von Jamaluddin muss der Islam gedeihen, ohne dabei auf das Töten angewiesen zu sein: »Alles andere würde nur einen neuen Konflikt schaffen. Die Christen, die nach Aceh kommen, müssen geschützt werden. Islam bedeutet Sicherheit und Wohlstand.«

Ich telefoniere mit Tengku Muslim At Tahiry. Seine Stimme erinnert mich an den Dangdut-Sänger Rhoma Irama, weil er Indonesisch mit arabischem Akzent spricht. Als er erfährt, dass ich sein *dayah* bereits mit Tu und Fahmi besucht habe, verwandelt sich sein arabischer Akzent plötzlich in einen acehischen: »Oh ja, ja, mit Tu Nazir waren sie da«, sagt er freundlich.

2004 unterrichtete er im *dayah* Madaiyatul Islam in Nordaceh. Allerdings gehörte das Land, auf dem das *dayah* stand, nicht ihm. Also entschied er sich, ein Stück Land zu suchen, auf dem er ein eigenes *dayah* aufbauen konnte, und wurde schließlich an der Straße Line Pipa fündig.

Muslim führt seine Schüler oft dabei an, wenn sie Unterhaltungslokale zum Schließen zwingen, was immer wieder zu Konflikten mit den Sicherheitsbehörden führt, weil diese Aktionen schlichtweg illegal sind. »Ursprünglich kamen wir zusammen, um eine Organisation namens ›Vereinigung des Volkes gegen Sünde‹ zu gründen. Schließlich wurde uns empfohlen, von einer Neugründung abzusehen und uns besser einer nationalen Vereinigung anzuschließen«, erzählt er. Auf der Suche nach einer solchen beschäftigte er sich unter anderem mit den Statuten der FPI, die sich erklärtermaßen auch für die Gemeinschaft sunnitischer Muslime einsetzt.

Er erzählt, dass Wahabis in Aceh nicht akzeptiert würden. Ich frage ihn, was denn der Unterschied zwischen den Wahabis und der sunnitischen Gemeinschaft sei. »Im Grunde kennen die Wahabis auch das Prinzip der sunnitischen Gemeinschaft. In Aceh haben sie es trotzdem schwer, Fuß zu fassen. Die Leute hier haben ihren eigenen Kopf. Zu jedem Geburtstag des Propheten Mohammed (*maulid*) wird in Aceh ein Festmahl veranstaltet, um seiner zu gedenken. Die Menschen gehen auf die Friedhöfe, sprechen das Glaubensbekenntnis (*tahlil*) und beten für die Verstorbenen. Die Wahabis wiederum betrachten das Feiern des Prophetengeburtstags und die Totengebete als unvereinbar mit dem Islam, weil sie angeblich die Einzigartigkeit Allahs verleugnen. Unsere islamischen Gelehrten in Aceh folgen der schafiitischen Rechtsschule. Mit den Vorstellungen des Wahabismus ist das nicht vereinbar.«

Nachdem Muslim erkannt hatte, dass seine Ideen mit den Zielen der FPI übereinzustimmen schienen, lud er den Führer der FPI in Aceh, Yusuf Al Qardhawi, ein, um sich mit ihm auszutauschen. Muslim fand Gefallen an dem, was er hörte, und entschied sich, der FPI beizutreten. Mittlerweile ist er der Sekretär der Organisation in Lhokseumawe.

»Ich habe meine Schüler nie aktiv in die FPI involviert. Sie wurden mir von ihren Eltern anvertraut, um zu lernen, nicht um sich in einer Organisation zu engagieren. Wenn sich allerdings jemand für die FPI interessiert, ist er natürlich willkommen mitzumachen«, erzählt er. »Weshalb müssen Religionsgelehrte und Schüler Unterhaltungslokalitäten disziplinieren? Ist das nicht Aufgabe der Polizei oder der Regierungsbehörden, die dazu gesetzmäßig berechtigt sind?«, frage ich ihn. »Wenn die Regierung ihre Arbeit gut machen würde, gäbe es keinen Anlass für uns Ulama, so zu handeln. Unsere eigentliche Aufgabe ist schließlich das Predigen und Unterrichten. Die Regierung macht einfach ihre Arbeit nicht«, sagt Muslim.

Ich gebe zu bedenken, dass die Aktionen der FPI sehr brutal sind. Er lacht laut: »Das sind Aktionen außerhalb des Kommandos. In Aceh gibt es gewalttätige Aktionen, wie sie in Jakarta vorkommen, nicht. Nicht nur Massenorganisationen wie die FPI, sondern auch die Regierung bewegt sich oft genug außerhalb des gesetzlichen Rahmens. Die Leute, die bei der FPI dabei sind, haben nicht alle die Religion verstanden. Grundsätzlich darf die FPI nichts zerstören, und ihre Mitglieder dürfen auch keine Waffen tragen.«

»Es wird gesagt, dass die Förderung der Wirtschaft die höchste Priorität in Aceh nach dem Konflikt habe. Weshalb führt die FPI nicht solche Programme durch?«, frage ich ihn. »Wenn sich islamisches Recht und islamische Lebensweise richtig durchgesetzt haben, wird auch die Wirtschaft richtig laufen. Wenn die Menschen in Aceh gottesfürchtig sind, wird Gott sie zweifelsohne belohnen. Aus diesem Grund ist die Wirtschaft nicht die Priorität der FPI«, erklärt Muslim.

»Und weshalb interessiert sich die FPI so sehr für die Kleidung von Frauen?«, frage ich ihn dann. »Wenn die Frauen sich richtig verhalten, verhält sich auch die Gesellschaft richtig. Männer werden nur dann zu Schürzenjägern, wenn die Frauen ihre Scham zur Schau stellen.«

Als nächstes erkundige ich mich nach seiner Meinung zur christlichen Missionierung. »Das ist kein neues Problem. Missionierung findet seit jeher statt. In Aceh gibt es noch viele andere Dinge außer der christlichen Missionierung, um die sich gekümmert werden muss. Wenn es den Menschen gut geht, lassen sie sich nicht täuschen. Wenn sie allerdings arm sind, werden sie dem folgen, der ihnen zu essen gibt. Die Armen brauchen tatsächlich wirtschaftliche Unterstützung«, klärt er mich auf. Mit dem letzten Satz widerspricht er schließlich seiner Aussage, dass Wirtschaftsförderung kein Thema der FPI sei.

Ich frage ihn, ob die FPI mit islamischen Parteien zusammenarbeitet. »Auf der Nationalebene ist die FPI mit der islamischen Vereinigten Entwicklungspartei (PPP) verbunden. Aber die FPI ist keine politische Massenorganisation. Sie will auch die Demokratie nicht abschaffen. Die Terroristen kämpfen gegen Indonesien. Die FPI tut das nicht, denn Indonesien ist islamisch.«

Schließlich komme ich wieder auf das Thema Palästina zu sprechen und frage ihn, weshalb sich die FPI nicht um die Konfliktopfer in Aceh kümmert, sondern stattdessen um die Palästinenserfrage. Daraufhin erklärt er mir: »Es ist doch so, die FPI ist gegen ein Auseinanderbrechen Indonesiens. Ganz im Gegenteil zu den Ausländern, die Aceh von Indonesien loslösen wollen. Die FPI liebt die Einheit und lehnt Spaltung ab. Genau aus diesem Grund sagen wir ja bei jedem Treffen, dass die Rachegefühle der Vergangenheit tief vergraben oder weit fortgeworfen werden müssen. Wir drängen auch auf die Förderung der Volkswirtschaft, denn wenn das Volk satt ist, will es auch keinen Krieg mehr.« Und noch einmal widerspricht er seiner vorherigen Aussage, dass Wirtschaftsfragen kein Anliegen der FPI seien.

Ich frage ihn, was er von der erzwungenen Religionsausübung durch die Einführung des islamischen Rechts in Aceh hält. »Zu Lebzeiten des Propheten Mohammed gab es eine keine Scharia-Polizei, keinen Zwang zur Ausübung der religiösen Pflichten und auch keine Behörde für islamisches Recht. Der Grund dafür ist, dass alle Menschen in dieser Zeit folgsam waren«, erklärt er mir. Soweit ich allerdings informiert bin, traf Mohammed während der Verbreitung seiner Lehren auf so einige Menschen, die sich ihm entgegenstellten.

Als nächstes erkundige ich mich bei Tengku Muslim nach der Bedeutung des Begriffs Jihad. »Der Jihad konzentriert sich vor allem auf einen selbst. Der größte Jihad ist der gegen das eigene Verlangen. Weshalb ist die Menschheit korrupt? Wegen des Verlangens! Daneben gibt es noch den Jihad gegen die Dummheit. Die Menschen im Westen sind doch deshalb großartig, weil sie über Wissen verfügen. Das bedeutet, dass ich gegen gewaltsamen Jihad bin. Es sei denn, dass, wie im Falle Palästinas, eine islamische Region erobert wird.«

»Aber in Palästina geht es doch nicht um einen Religionskrieg, sondern um Politik«, entgegne ich ihm. »Natürlich gibt es einen religiösen Zusammenhang. Im Islam müssen Moscheen bewacht und beschützt werden. Es geht also darum, die Al-Aksa-Moschee, über die Israel bestimmen möchte, zu beschützen. Am Ende wird sie noch jüdischen Siedlungen weichen müssen. Zumindest wird das so erzählt. Ich selbst war ja noch nie da und weiß es eigentlich auch nicht genau«, erzählt er lachend.

Daraufhin erzähle ich ihm eine Geschichte: »In der Zeit von Abdul Muthalib, dem Großvater des Propheten Mohammed, überfiel König Abrahah mit seiner Elefantenarmee die Stadt Mekka. Abdul Muthalib sagte den Einwohnern Mekkas, dass Gott selbst die Kaaba beschützen werde. Weshalb also müssen die Menschen die Moscheen beschützen, wenn Allah das doch selbst übernimmt?« Darauf Tengku Muslim: »Das lag daran, dass zur Zeit von Abdul Muthalib die islamische Gemeinschaft noch sehr klein war. Wenn man in der Falle saß, war es besser davonzulaufen. Jetzt sind wir jedoch die Mehrheit. Warum sollten wir Angst haben?« Soweit ich weiß, war der Islam zur Zeit von Abdul Muthalib allerdings noch gar nicht entstanden.

Ich erkundige mich bei Tengku Muslim, woher die Finanzierung seines *dayah* stammt. »Von den Spenden der Eltern meiner Schüler und den Anwohnern der Umgebung. Wenn ich eine Predigt halte, wird ein Video aufgenommen und meine Schüler verkaufen die Videos dann in den Dörfern.«

Ich erzähle Tengku Muslim davon, dass mich zwei seiner Schüler in weißen Roben angeschrien und beleidigt hätten, während er nicht da war, und möchte von ihm wissen, wie er sich ihr Verhalten erklärt. »In diesem *dayah* nehmen wir viele Schulabbrecher auf. Einige von ihnen sind sogar ehemalige Strafgefangene. Es ist schwerer, auf einen einzigen Menschen aufzupassen als auf tausend Schafe. Wir nehmen hier Kinder auf, die sonst nirgendwo unterkommen und nicht gebraucht werden. Das *dayah* wird als Mülltonne wahrgenommen« sagt er lachend. »Sie zu erziehen, ist nicht einfach. Das Wichtigste ist jedoch, dass sie eines Tages wertgeschätzt werden.«

Auf Wiedersehen in Idaho

»Vergiss nicht nach Idaho zu kommen!«, ruft mir die Gruppe junger Leute winkend zu, nachdem sie mich abgesetzt haben und ihr Auto Fahrt aufnimmt. An diesem Nachmittag haben sie zwei Freunde abgeholt, die gerade aus Jakarta auf dem Flughafen Sultan Iskandar Muda in Aceh gelandet waren. Zufällig saß ich mit den Beiden, die abgeholt wurden, im Flugzeug. Einer von ihnen ist Echa. Ich hatte ihn bereits einmal auf der Geburtstagsfeier eines Freundes in Banda Aceh getroffen. So ergatterte ich also eine Gratisfahrt vom Flughafen nach Banda Aceh.

Idaho ... Anfangs dachte ich, es geht dabei um den amerikanischen Bundesstaat. Wie sich herausstellte, ist es die Abkürzung für den »International Day Against Homophobia, Transphobia and Biphobia« (IDAHO). Auf einer Konferenz für die Rechte von LGBT (Lesbian, Gay, Bisexual, Transgender) vom 26. bis 29. Juli 2006 in Montreal, Kanada, wurde beschlossen, einen Tag im Jahr dem Kampf gegen Homophobie zu widmen. Die Teilnehmer der Konferenz einigten sich darauf, dass zukünftig jedes Jahr am 17. Mai IDAHO sein sollte. Der Grund dafür, ausgerechnet diesen Tag zu wählen, war die Entscheidung der Weltgesundheitsorganisation (WHO) am 17. Mai 1990, Homosexualität von der Liste der psychischen Erkrankungen zu streichen. Ein historischer Tag für die LGBT-Bewegung.

Die Jugendlichen, die ich am Flughafen traf, engagieren sich in einer Organisation namens Violet Grey oder kurz VG. VG wurde 2007 von Echa, Faisal und Erik gegründet, weil sie die Diskriminierung und das negative Bild von LGBT in der Öffentlichkeit nicht länger ertragen wollten. Die Organisation hat etwa 20 aktive Mitglieder. Die meisten von ihnen sind schwule und transsexuelle (*waria*) Männer. Lesbische Frauen gelten als eher verschlossen. VG ist in ganz unterschiedliche Aktivitäten der LGBT-Gemeinschaft in Aceh involviert. Dieses Jahr wollen sie den IDAHO in einem Hotel in Banda Aceh begehen.

Ich frage sie, weshalb sie sich den Namen Violet Grey gegeben haben. »Violet und Grau haben bestimmte Bedeutungen. Die Farbe Violet ist das Symbol der Feministen. Wir beziehen uns auf den Feminismus, um Ungerechtigkeit und Diskriminierung zu bekämpfen. Die Farbe Grau steht als Symbol für die Tatsache, dass es eben nicht nur die binäre Opposition von Schwarz und Weiß gibt, sondern viele Grautöne dazwischen. In dieser Welt leben eben nicht nur Männer und Frauen, die heterosexuell sind, viele von ihnen sind nun mal homosexuell«, antwortet Toni, ein Mitglied von VG, der eigentlich Iriantoni Almuna Ariga heißt.

Am Abend des 17. Mai 2010 mache ich mich also auf den Weg nach Idaho. Vor dem Veranstaltungsraum des Hotels, den VG gemietet hat, deutet nichts auf eine Feier hin. Die Tür ist fest verschlossen und im Korridor ist kein Empfangstisch für die Gäste auszumachen. Auch das typische Stimmengewirr der Menschen, die normalerweise schwatzend auf den Beginn einer Veranstaltung warten, fehlt. Niemand ist zu sehen. Plötzlich erscheint ein Mann in blassgrünem T-Shirt, kurzen Hosen und rosa Schuhen. Er deutet auf die geschlossene Tür und bittet mich, rasch einzutreten. Es handelt sich um Echa. Ich habe ihn fast nicht wiedererkannt. Normalerweise trägt er eine Bluse oder ein Kleid und ist geschminkt – Augenbrauen, Lippen und Wangen sind für gewöhnlich ein Farbenmeer. Als wir uns am Flughafen getroffen haben, war er mir in seinem langen schwarzen Kleid, mit seinen großen Ohrringen, der langen Halskette und seiner Perücke geradezu wie eine Grand Dame erschienen.

»Du siehst heute aus wie ein Parkplatzeinweiser«, necke ich ihn. Als er auf meinen Scherz nicht reagiert, merke ich, dass er geradezu panisch ist. Wie sich herausstellt, hat Echa sich bewusst nicht in

Schale geworfen: »Vorhin habe ich im Bad jemanden getroffen, der verdächtig aussah. Ich dachte mir dann, ich lass den Fummel besser weg. Die Hauptsache ist, dass die Veranstaltung ein Erfolg wird und unsere Freunde sicher sind«, erzählt er und bittet mich noch einmal, in den Veranstaltungsraum zu gehen.

Seine Angst ist alles andere als unbegründet. Bereits im Jahr 2006 kam es in Banda Aceh zu einem homophob motivierten Übergriff. Zwei homosexuelle Männer wurden von Polizisten gequält und danach von der Polizei wegen ihrer sexuellen Orientierung öffentlich an den Pranger gestellt. Nicht eine Institution hatte damals den Mut, die beiden Männer zu verteidigen. Allerdings ist die Homophobie nicht nur in den Behörden verbreitet, sondern zieht sich mitten durch die Gesellschaft. Insbesondere transsexuelle Menschen werden verspottet, verleumdet und müssen willkürliche Behandlungen über sich ergehen lassen. Ihre Kleidung und ihr Verhalten, die als deviant wahrgenommen werden, sind Anlässe für diese Übergriffe.

Bei einer unserer Begegnungen erzählte mir Echa einmal: »Wenn mich jemand nach meinem biologischen Geschlecht fragt, sage ich natürlich, dass ich ein Mann bin. Fragt jemand nach meiner sexuellen Orientierung, antworte ich, dass ich Männer mag beziehungsweise homosexuell bin. Wenn ich nach meinem sozialen Geschlecht beziehungsweise nach meiner Gendereinstellung gefragt werde, bin ich transgender beziehungsweise *waria*.«

Ein LGBT-Treffen in Jakarta, an dem Echa teilnahm, wurde von der FPI überfallen und aufgelöst. Die Veranstalter wichen daraufhin nach Bandung aus, wo die LGBT-Aktivisten aus ganz Indonesien dann in einem sicheren Hotel unterkamen. »Dort konnten wir dann auch wunderbar herumbummeln und shoppen. Die Klamotten dort sind großartig und total billig«, erinnert sich Echa.

Der Raum ist schon gut gefüllt. Einige Leute sitzen, andere schlendern zwischen den runden, weiß gedeckten Tischen hin und her, essen Kuchen und Früchte und trinken Tee oder Kaffee. Überall wird geschwatzt und gelacht. Die Organisatoren sind auf Hochtouren damit beschäftigt, die Bühne vorzubereiten. Auf der Bühne steht eine Rednerpult bereit. Dahinter hängt ein Banner mit dem Schriftzug »International Day Against Homophobia and Transphobia«. Faisal, der Moderator der Abendveranstaltung, hat ein schwarzes Hemd an, das traditionell in Aceh getragen wird. Neben mir sitzt eine Gruppe Transgender mit unterschiedlichster Haarpracht von lang und braun bis kurz und schwarz. Sie tragen Miniröcke, lange Röcke, schwarze Strumpfhosen, keine Strumpfhosen usw. Einer holt einen kleinen Spiegel hervor, um sich das Make-up nachzuziehen, die anderen schauen gebannt in Richtung Bühne. An einem weiteren Tisch sitzt eine Gruppe herausgeputzter Männer. Einer trägt sein Haar im Stachelschweinlook wie Bart Simpson, der Comicheld aus den USA. Ich weiß nicht, ob auch lesbische Frauen hier sind. Die Gäste sind bei weitem nicht alle aus dem LGBT-Bereich. Hier tummeln sich Frauenaktivistinnen, Journalisten und Parteipolitiker, die, soweit ich weiß, heterosexuell sind.

Zur Eröffnung der Veranstaltung trägt ein Rezitator – sehr zur Überraschung der Gäste – melodiös Koransuren vor. Anschließend führt eine Gruppe Transgender einen traditionellen Tanz (*ranup lampuan*) aus Aceh auf. Nach dem Tanz lassen sie Schalen mit Betel im Publikum herumgehen. Hotli Simanjuntak, ein Fotograf und Journalist, der für eine Zeitung in Jakarta arbeitet, fotografiert das Treiben. Ab und zu schreibt er etwas in ein kleines Buch. Er hat früher schon über Transgender geschrieben und Mitglieder von VG interviewt.

Den Höhepunkt des Abends bilden zwei Vorträge von Toni und Musdawati mit anschließender Diskussion. Beide sind Dozenten an der Fakultät für islamische Grundsatzfragen (*ushuluddin*) der islamischen Universität Ar-Raniry in Banda Aceh. Musdawati erläutert, Sexualität sei ein natürliches und menschliches Phänomen. Genau deshalb müsse mit Fragen der Sexualität – also auch denjenigen, die LGBT betreffen – menschlich umgegangen werden. »Man sollte das Thema nicht religiös aufladen und davon den Eingang ins Paradies abhängig machen, indem man es als Tabu, Sünde oder Ähnliches brandmarkt«, sagt sie.

Das war also das erste IDAHO in Banda Aceh. Am Ende darf ich den Raum nicht durch die Vordertür verlassen, sondern muss mich durch den Seitenausgang hinausschleichen. Der Haupteingang ist mit einem hölzernen Riegel verschlossen. »Zur Sicherheit«, wie mir die Frau mit Kopftuch sagt, die dort aufpasst.

Die Menschen von Sabang

Die Passagiere machen den Eindruck, als würden sie die Fähre so schnell wie irgend möglich verlassen wollen. Sie scheinen zu befürchten, das Eiland dort draußen könnte im nächsten Moment unwiederbringlich untergehen. Männer und Frauen, alte wie junge, Mütter, die ihre Kinder tragen, ein Mann, der einen Karton auf der Schulter durch die Gegend befördert – sie alle drängeln wild durcheinander, um die Ersten am Ausgang der Fähre zu sein. Die Träger am Hafen können es kaum erwarten, auf das Schiff zu kommen. Sie befürchten wohl ihrerseits, es könnte im nächsten Moment in den Weiten des Ozeans verschwinden.

Es ist der Nachmittag des 11. Februar 2006. Die Schnellfähre ›*Pulo Rondo*‹ wird gerade am Kai des Hafens Balohan vertäut, nachdem sie die Strecke vom Hafen Ulee Lheue in Banda Aceh in 50 Minuten zurückgelegt hat. Balohan liegt auf der Insel Weh, die den Distrikt Sabang beheimatet, der zur Provinz Aceh gehört.

Die ausländischen Touristen unter den Ausflüglern stellen sich als die Geduldigeren heraus und warten, bis sie an der Reihe sind, die Fähre zu verlassen. Sie sind Mitarbeiter internationaler Hilfsorganisationen, die Erholung an den Stränden der Insel suchen. Was unschwer an ihrer lässigen Kleidung zu erkennen ist. Sie tragen T-Shirts, kurze Hosen und Flip-Flops. Seit dem Tsunami ist Aceh voll von Hilfsorganisationen, deren Mitarbeiter aus aller Herren Länder kommen. Nach der Unterzeichnung des Friedensabkommens zwischen der indonesischen Regierung und der GAM im vergangenen Jahr hat ihre Zahl noch einmal drastisch zugenommen.

Von Balohan aus fahre ich mit einem öffentlichen Kleinbus in die Stadt. Die Strände außerhalb der Stadt sind allerdings nicht an den öffentlichen Nahverkehr angebunden, so dass die Ausflügler allesamt auf private Fahrdienste angewiesen sind, die sich hier zuhauf anbieten. Links der Straße blicke ich auf eine endlose, ruhige See. Das Grün der vorüberziehenden Bäume erfrischt meine Augen. Der Bus schlängelt sich kurvenreich bergauf, bergab die staubige Straße entlang. Kurz vor der Stadt sehe ich auf einem Feld eine Reihe brandneuer Autos stehen. Der Fahrer erklärt mir, dass sie aus Singapur eingeführt worden seien und hier sehr günstig verkauft würden. »Wenn man sie außerhalb von Sabang fahren will, muss man sich neue Papiere ausstellen lassen und Steuern bezahlen«, erklärt er mir.

Tamarindenbäume werfen ihre Schatten auf die fast autoleere Hauptstraße von Sabang. Die Stadt wirkt sauber und aufgeräumt. Sie hat etwas von älteren Menschen, die nichts übereilen und auf Erholung aus sind. An diesem Morgen entscheide ich mich, mir den Markt anzusehen, der nicht weit von meiner Unterkunft liegt. Es ist das erste Mal, dass ich in Sabang bin, einer Hafenstadt, die Ende des 19. Jahrhunderts von den Holländern erobert wurde. Sabang war vor allem wegen seines Freihandelshafens bekannt, bevor dieser 1995 von Präsident Suharto geschlossen wurde. Präsident Abdurrahman Wahid ließ ihn dann 1999 wiedereröffnen.

Rechts und links der Straße reiht sich Geschäft an Geschäft. Ein Schlosser, eine Bank, eine Telefonierstube, ein Tante Emma Laden, ein Obst- und Gemüsehändler, ein Textilgeschäft. Diese Geschäfte werden mittags geschlossen, um ihre Pforten dann am Nachmittag wieder zu öffnen. Erst am Abend erwacht das Geschäftstreiben so richtig zum Leben. Wer ein Langschläfer ist, hofft allerdings vergeblich, die berühmten Nudeln à la Sabang probieren zu können. Die gibt es nämlich nur morgens.

Vor einem der Geschäfte sitzt eine alte Frau und wartet auf Kundschaft. Ihre Bitte, mich zu ihr zu gesellen, schlage ich nicht aus. Zunächst erzählt sie allerhand Belangloses, um dann schließlich doch auf sehr Privates zu kommen. Tjan Tjoei Lan beziehungsweise A Lan beginnt schüchtern von ihrer Jugend zu erzählen. Sie ist unverheiratet geblieben, aber nicht aus gebrochenem Herzen. »Ich bin das älteste Kind meiner Eltern und habe viele Geschwister. Damals wollte ich mich erst einmal um meine Geschwister kümmern.« Heute ist sie 71 Jahre alt. Vor langer Zeit habe sie sich in einen Mann verliebt, der nun bereits verstorben sei, erzählt sie mir zaghaft. Ihre vielen Nichten und Neffen haben sie davor bewahrt, einsam zu werden.

A Lan wurde 1935 in Kanton im Süden Chinas als Buddhistin geboren. Während des Zweiten Weltkrieges verließen ihre Eltern mit ihr die Heimat in Richtung Sabang, wo sie schließlich ihre Kindheit verbrachte. Sie besuchte eine Grundschule namens »6 Kiau«, in der auf Mandarin unterrichtet wurde. Sie erinnert sich, dass die Schule einem Ausländer gehörte.

A Lan verkauft in ihrem direkt an der Straße gelegenen Laden Softdrinks, Kaffee, warmen Tee und Eistee. Das Geschäft führt sie bereits seit 20 Jahren. Früher hat sie auch Eis, gebratene Nudeln und gebratenen Reis verkauft, verlegte sich dann aber auf Getränke, weil das Geschäft mit dem Essen nicht allzu gut lief. Vor ihrem Geschäft betreibt ein Mann einen Garküchenwagen und verkauft dort gebratenen Reis mit verschiedenen Beilagen. Er ist Vater von vier Kindern. Für den Wagen zahlt er 10.000 Rupiah (circa 70 Eurocent) Miete am Tag. Den Wagen hat er von einem Einheimischen gemietet. »Der arme Kerl. Der Tsunami hat ihn hart getroffen. Wenn Sie ihm helfen können, helfen Sie ihm«, bittet sie mich. »Tsunamiopfer haben nach der Katastrophe monatlich 90.000 Rupiah (circa 6,30 Euro) Unterstützung erhalten. Als ich an der Reihe war, haben sie mir erklärt, dass ich nichts bekomme, weil ich reich bin«, erzählt Lan.

Während der Ereignisse, die letztlich zum Sturz Suhartos führen sollten, wurde in Indonesien gezielt gegen die chinesischstämmige Bevölkerung gehetzt, um vom Aufstand gegen das Regime der sogenannten »Neuen Ordnung« abzulenken. Dennoch kam es 1998 in Sabang nicht zu anti-chinesischen Ausschreitungen wie etwa in Jakarta. »Die Menschen hier sind gut. Es gibt keinen Hass gegen Chinesen. Sabang ist in Indonesien einzigartig«, sagt A Lan.

Nach der Grundschule besuchte A Lan eine weiterführende katholische Schule in Medan, der Hauptstadt von Nordsumatra. Nach ihrem Abschluss unterrichtete sie ein Jahr lang in einer Grundschule in Tebing Tinggi südöstlich von Medan. Schließlich kehrte sie nach Sabang zurück, um an ihrer »Alma Mater« zu unterrichten, die nun nicht länger »6 Kiau«, sondern »7. Staatliche Grundschule« hieß. Hier war sie 15 Jahre lang Mandarin-Lehrerin, bis Chinesisch nach den Ereignissen 1965 verboten wurde. »Die Schule musste schließen, weil Indonesien wegen des Putschversuches der Kommunistischen Partei Indonesiens (PKI, *Partai Komunis Indonesia*) seine Beziehungen zu China abbrach«, erzählt sie.

Alles, was in dieser Zeit auch nur im Entferntesten mit China zu tun hatte, galt als kommunistisch. Das Problem war, dass die PKI enge Beziehungen zur Kommunistischen Partei Chinas unterhalten hatte. »Als auf Java und Bali die ›Kommunisten‹ abgeschlachtet wurden, war es in Sabang sicher«, erinnert sich A Lan. Dennoch gab es einige Verhaftungen. »Alle wurden vom Militär ins Juweliergeschäft Delima gebracht. Ungefähr 30 Chinesen, die als Kommunisten bekannt waren. Aber nach zwei, drei Monaten haben sie alle wieder freigelassen. Das Juweliergeschäft war mit seinen fünf Türen riesig. Der Juwelier wurde auch verhaftet, weil er die Flagge der Volksrepublik China gehisst hatte.«

A Lan verlässt die Insel selten, ganz zu schweigen von Aceh. In ihrem ganzen Leben war sie nur zweimal in der indonesischen Hauptstadt Jakarta. Ihr jüngerer Bruder besitzt einen Fotokopierladen auf dem Markt von Peunayong in Banda Aceh.

An der Kreuzung vor A Lans Geschäft gibt es ein Gado-Gado-Restaurant, das abends gut besucht ist. Es gehört Abdul Majid, der aus Medan stammt. »Die meisten Einwohner von Sabang sind irgendwann hergekommen. Ich zum Beispiel bin nun seit 15 Jahren hier. Sabang ist mit anderen Orten nicht vergleichbar. Hier respektieren die Menschen Andersartigkeit, weil es eine Hafenstadt ist«, erzählt er mir lächelnd, während er seine Gäste bedient.

Das Café »Neue Insel« liegt gleich neben dem Geschäft von A Lan in der Händlerstraße Nummer 29 B. Die Leute kommen eigens hierher, um die berühmte Nudelsuppe des Cafés zu essen. In ihr finden sich Sojasprossen, Hühnerklein, Fischbällchen, Sojasauce und Zwiebellauch. Der Fond ist ein Gaumenschmeichler, allerdings nicht scharf – ganz im Gegensatz zu den allseits bekannten feurig-scharfen Aceh-Nudeln. Zwischen 100 und 150 Gäste lassen sich die Suppe hier jeden Tag schmecken.

»Aber seit der Formalingeschichte wird die Kundschaft weniger«, erzählt mir einer der Angestellten. Eines Tages berichteten die Zeitungen von Nudeln, die mit Formalin vermischt worden waren. Verkäufer, die auf schnellen Erfolg mit wenig Aufwand aus sind, versuchen so auf kürzestem Wege Geld zu machen. Sie vermischen das Essen einfach mit dem Leichenkonservierungsmittel, um es länger haltbar zu machen.

Der Besitzer des Cafés heißt Sukianto, ein 52-jähriger ethnischer Chinese, der seit seinem 18. Lebensjahr Nudeln verkauft. Angefangen hat er mit einem Garküchenwagen. Sein Gesicht macht keinen sehr freundlichen Eindruck. Vielleicht treibt ihn die Sorge um, jemand könnte sein geheimes Nudelrezept stehlen. Vielleicht folgt er aber auch nur dem Prinzip »Geld ist Zeit« und vermeidet umsatzlose Gespräche.

Nachdem ich meine Nudelsuppe gegessen habe, verlasse ich das Café von Sukianto und bin gerade dabei, über die Straße zu gehen, als plötzlich ein Motorradbecak direkt vor meiner Nase hält. Der Fahrer bietet mir eine Stadtrundfahrt an und tritt sogleich in Preisverhandlungen ein. »50.000 Rupiah (circa 3,50 Euro) dürfen es schon sein«, erklärt er mir lachend.

Sein Name ist Faisal, ein Vater von zwei Mädchen. Das ältere ist zwei Jahre alt und das jüngere gerade einmal fünf Monate. Faisals Leben wird von der Zahl Sieben bestimmt. »Ich wurde am 7.7.1977 geboren. Mein Vater stammt aus Sabang und meine Mutter aus Banda Aceh«, erzählt er mir während der Fahrt, genauso wie den gefühlten Rest seiner Lebensgeschichte. Während des Tsunami am 26. Dezember 2004 beobachtete er am Strand im Sand zappelnde Fische, die das Meer hinterließ, nachdem es sich plötzlich zurückgezogen hatte. »Nach nur drei Zigarettenzügen kam dann die Welle.« Faisal und seine engsten Angehörigen überlebten, weil sie sich auf eine Anhöhe retten konnten. Viele seiner Verwandten in Banda Aceh hatten nicht so viel Glück. Sie verschwanden und starben. »In Sabang sind nicht einmal zehn Menschen ums Leben gekommen. In dem Moment, als wir das Wasser steigen sahen, sind wir zu höher gelegenen Stellen gerannt.«

»Ich hätte gern 20 Kinder, weil mir der Tsunami so viele meiner Verwandten genommen hat. Viele Leute sagen mir, ›du bist sehr stark‹, und fragen mich, ›Wie machst du das?‹« Faisal muss lachen, während er sich selbst so reden hört.

Der Konflikt zwischen der GAM und der indonesischen Regierung hat Faisal noch stärker traumatisiert als der Tsunami. »Mein Schwiegervater wurde in der Zeit, als in Aceh der militärische Notstand herrschte, in Sigli von einem Soldaten ermordet. Er ging auf die Plantage und wurde einfach erschossen.« Die damalige Präsidentin Megawati Sukarnoputri hatte am 19. Mai 2003 den militärischen Notstand für Aceh ausgerufen. Zuvor waren die Verhandlungsführer der GAM festgenommen und ins Gefängnis geworfen worden. Der im Jahre 2002 ausgehandelte Waffenstillstand war damit gescheitert und der Konflikt brach erneut aus.

Allmählich wird es dunkel. Straßenbeleuchtung ist hier ein rares Gut. Faisal fährt mich zum Strand Ibung, wo ich die Fischer beim Fangen kleiner Heringe beobachte. Von ihren Holzbooten aus leuchten sie mit grünen Neonlampen auf das Wasser, um die Fische anzulocken. Zurzeit haben wir Ostmonsun – die ideale Großwetterlage, um genau diese Heringsart zu fangen. Faisal klärt mich mit leuchtenden Augen über die Fangmethode auf: »Das Netz wird ausgeworfen und sofort wieder eingeholt, wenn die Fische hineingeschwommen sind«. So ganz kann ich seine Begeisterung angesichts dieser doch eher herkömmlichen Fangmethode allerdings nicht teilen.

Eine halbe Autostunde von der Hauptstadt Sabang entfernt befinden sich die Strände Gapang und Iboih, zwei Eldorados für Touristen. Gapang liegt auf dem Weg nach Iboih. Entlang der gesamten Strecke vertreiben sich Affenfamilien die Zeit am Straßenrand.

Der Mietwagen, in dem ich sitze, kämpft sich abwechselnd bremsend und beschleunigend an Steinen und Schlaglöchern vorbei. Links und rechts der Straße liegt dichter Dschungel. Der Fahrer des Wagens erzählt mir von Regierungsplänen, eine Asphaltstraße bis zum Kilometer Null zu bauen. Kilometer Null ist ein Wahrzeichen im äußersten Nordwesten der Insel. Es markiert den westlichsten Punkt Indonesiens.

Ich lasse Gapang links liegen und fahre direkt weiter nach Iboih, das viel naturbelassener sein soll. Wie sich herausstellt, ist das, was mir als naturbelassen ausgemalt wurde, nicht ganz das, was ich erwartet hatte. Die mit Palmenblättern oder Wellblech gedeckten Bungalows wirken lieblos und ungepflegt. Der Boden meines Bungalows ist morsch und übersät von Löchern. Ziegenkot ziert die Terrasse. Wenigstens ragt der Pfahlbau über die anderen Bungalows hinaus und bietet einen freien Blick aufs Meer. Angesichts der Tatsache, dass der Bungalow direkt an einem Abhang liegt und aufgrund des nicht sonderlich Vertrauen erweckenden Zustandes der Pfähle, die den Bungalow mehr oder weniger stützen, rechne ich mit keinem sehr ruhigen Schlaf. Der Meerblick und das Wissen um den satten Dschungel hinter mir helfen letztlich, meine Befürchtungen nach und nach zu zerstreuen.

Am nächsten Morgen schwingt sich Schlag sieben eine Gruppe Affen auf der Suche nach Fressbarem von Baum zu Baum. »Lass ja keine Staude Bananen auf der Terrasse liegen, wenn du nicht willst, dass die Affen sie sich holen«, war der Rat, den mir der Bungalowbesitzer gestern noch mit auf den Weg gab. Und das, obwohl ich gar keine Bananenstaude bei mir hatte.

Der Strand von Iboih ist einigermaßen sauber. Die meisten der ausländischen Touristen haben sich Tauchausrüstungen gemietet und fahren in einem Motorboot aufs Meer, wo sie eine halbe Stunde vom Strand entfernt in die wundersamsten Welten abtauchen. Einige von ihnen sind extra nach Iboih gekommen, um hier ihren Tauchschein zu machen. Wer nicht tauchen geht, vertreibt sich die Zeit mit Schnorcheln. Ich beobachte ein Pärchen, das mit aus dem Wasser ragenden kleinen Rohren hin und her schwimmt und Fische beobachtet. Wie man hört, wimmelt es hier von Haien, Rochen und Delfinen. Am Strand schlagen einige ausländische Frauen in Bikinis die Zeit tot.

Icut vermietet hier Bungalows. Sie erzählt mir, dass sie 1962 geboren wurde. Mit ihren grauen Haaren und schwarzen Zähnen sieht sie 20 Jahre älter aus. Ihr Kleidungsstil ist gewöhnungsbedürftig. Ihren schmächtigen Körper zieren ein kurzer pinkfarbener Blazer und blassblaue Jeans. Ihr langes Haar trägt sie in einen Turban gewickelt. Sie hat etwas von einem indischen Schlangenbeschwörer. Ich sage ihr geradeheraus, dass sie wesentlich älter aussieht. »Ja, die schwarze Magie hier macht das mit den Menschen«, pflichtet sie mir bei. Als ich sie frage, wer sie denn verhext habe, erklärt sie mir: »Es war jemand aus Banda Aceh, aber mehr sage ich nicht. Am Ende hört es noch das, was da im Meer lebt. Ich wurde vor fast 20 Jahren aus Neid auf meine Schönheit und meinen Erfolg verhext.« Icut hat früher angeblich als Angestellte beim indonesischen Journalistenverband in Banda Aceh gearbeitet. Schwer zu sagen, was an der Geschichte dran ist.

Mit schriller Stimme erzählt sie weiter: »Ich könnte mir sogar eine Villa bauen, wenn ich mir die Hand nicht gebrochen hätte. Ich mag Affen. Ich mag Hunde. Sogar Wildschweine mag ich, wenn sie nicht hinter mit her sind. Einmal musste ich vor einem Wildschwein auf einen Baum flüchten.« In der Gegend gibt es tatsächlich viele Wildschweine, die sich oft bis in die Gärten der Anwohner wühlen. Icut hält sich einige Hunde. Sie erzählt mir, dass Hunde einst dem Propheten Mohammed geholfen hätten. Deshalb sind Hunde für sie auch die besten Haustiere überhaupt. Sie hat zwei Ehen hinter sich. In der ersten war sie die Viertfrau ihres Mannes. Nach der Scheidung hat sie dann gleich ihren zweiten Mann geheiratet. Auch diese Ehe ging in die Brüche. »Manche Touristen mögen mich und sind sehr gut zu mir. Immer wenn sie kommen, soll ich sie massieren«, erzählt sie stolz. Ihre Nachbarn halten Icut für verrückt. Ich finde, sie ist ein echtes Unikum.

Eine andere Frau mittleren Alters mit einem gewissen Bekanntheitsgrad bei den Touristen in Iboih wird Mama gerufen. Ihre Bungalows können sich eher sehen lassen als die von Icut. Außer den Bungalows besitzt sie ein einfaches Restaurant am Strand, wo es Abendessen für ihre Mieter und andere Touristen gibt. Eine ihrer Töchter ist mit einem Engländer namens Aaron verheiratet. Mama hat so ihre Schwierigkeiten, den Namen ihres Schwiegersohns auszusprechen. Sie nennt ihn nur »Arun«, was an die gleichnamigen Gasförderanlagen von Lhokseumawe in Nordaceh erinnert. Mamas Tochter und Aaron haben gerade einen Jungen namens Gabriel bekommen. Es ist nicht ganz klar, als was Aaron gearbeitet hat, bevor er in Iboih strandete und eine Frau von hier heiratete. Ich sehe, wie Gabriel von seiner Mutter am Brunnen hinter Mamas Restaurant gebadet wird. Um die beiden tollen zwei jüngere Schwestern der Mutter herum, die ungefähr neun und zwölf Jahre alt sind. Eine andere Tochter von Mama hat einen Italiener geheiratet und mit ihm auch einen Sohn. Die drei leben nicht in Iboih. Ab und an kommt die Patchwork-Familie zu Besuch, um hier Urlaub zu machen.

An diesem Abend macht Mama Thunfischpizza auf Bestellung. Aaron hilft ihr dabei. Sie bereiten die Pizza in einem »Sonnenofen« zu, der aussieht wie eine Parabolantenne. Ich sitze mit einigen deutschen Touristen an einem Tisch, unter die auch ein junger Rumäne geraten ist. Vor uns erstreckt sich das rauschende Meer. Es geht eine leichte Brise. Der Rumäne erklärt einer Frau aus Ostdeutschland: »Du und ich, wir sind gleich. Wir sind beide Produkte des Kommunismus.« Der Rumäne erzählt, dass sie während des kommunistischen Regimes Zahncreme als Haargel benutzt haben, weil sie zu arm waren, um sich welches zu kaufen. Die Ernsthaftigkeit, mit der er seine Geschichte erzählt, erweckt nicht den Eindruck, als würde er Witze machen.

Die bittere Ironie der Geschichte des Rumänen ist, dass der ehemalige Präsident und Generalsekretär der Kommunistischen Partei Rumäniens, Nicolai Ceaușescu, Millionenbeträge beiseite geschafft hatte. Er und seine Frau wurden am 25. Dezember 1989 ohne Prozess erschossen, nachdem er 15 Jahre lang diktatorisch über Rumänien geherrscht hatte. Die Art und Weise, wie Ceaușescu starb, war in Indonesien durchaus populär. Damals machte die Forderung »Suharto muss hängen!« die Runde, um seiner Diktatur ein Ende zu setzen. Dennoch war das Schicksal Suhartos nicht so tragisch wie das von Ceauşescu. Jedes Mal, wenn er nach seinem Rücktritt im Mai 1998 vor Gericht erscheinen sollte, verfiel er in Panik, und es musste ein Arzt gefunden werden, der das Erscheinen mit einem entsprechenden Attest verhinderte. Der einstige Präsident beendete sein Leben friedlich im Kreise seiner Kinder in einem Krankenhaus in Jakarta. Und das, obwohl seine Regierung durch und durch korrupt und aus einem der schlimmsten Menschenrechtsverbrechen, das Südostasien je gesehen hatte, hervorgegangen war: die Ermordung von mehr als einer Million indonesischer Kommunisten und derer, die zu solchen erklärt worden waren.

Ich höre den Touristen dabei zu, wie sie von den Haien und Rochen schwärmen, die sie unweit des Strandes im Meer gesehen haben. Jemand erzählt von einer brenzligen Situation beim Tauchen: »Ein riesiger Barrakuda schwamm direkt auf mich zu. Ich dachte, okay, jetzt ist es aus. In letzter Sekunde ist er dann doch abgedreht.« Alle lachen und sprechen in einem Gemisch aus Deutsch und Englisch wild durcheinander.

Auf dem Schnellboot ›*Pulo Rondo*‹, das zurück nach Banda Aceh fährt, unterhalte ich mich mit einigen Mitarbeitern internationaler Organisationen. Einer erzählt, dass die Strände Pulau Wehs genau das Richtige sind, wenn man von der Stadt und der Arbeit die Nase voll hat und am Wochenende einen Kurzurlaub einlegen möchte. Ein Freund hat mir allerdings berichtet, dass am Strand von Iboih jetzt ein Schild mit Kleidungsvorschriften für Touristen steht. Kleidung, die den Körper nicht vollständig bedeckt, ist ab sofort verboten. Der Bikini hat in Iboih ausgedient und die Scharia-Polizei damit begonnen, in den Bungalows Razzien nach Pärchen durchzuführen, die nicht verheiratet sind.

Die neofaschistische Gefahr

Im März 2010 veranstaltete eine Gruppe Jugendlicher im slowakischen Bratislava eine Demonstration, auf der sie die Umsetzung des sogenannten Patriotismusgesetzes forderten. Einige von ihnen trugen Poster, die das Konterfei eines Pastors zeigten, der Präsident des slowakischen Marionettenregimes von Hitlers Gnaden gewesen war. Der Fotograf Josef Ondzik fotografierte diese Szene für die *International Herald Tribune*, in der ich all das gelesen habe. Das Patriotismusgesetz sieht vor, dass die slowakische Fahne in jedem Klassenzimmer des Landes aufzuhängen ist, die Nationalhymne jeden Morgen Schlag acht aus den Lautsprechern des Landes ertönt und der Slogan »Wir sind das slowakische Volk« an verschiedenen öffentlichen Plätzen angeschlagen wird.

Die slowakische Regierung hat ihre Beamten und öffentlichen Angestellten, inklusive die Ärzte, dazu verpflichtet, sich ausschließlich des Slowakischen zu bedienen und nicht länger des Ungarischen oder anderer in der Region gesprochener Sprachen. Wer gegen diese Auflage verstößt, muss mit einem Bußgeld von 5.500 Euro rechnen. Zudem verkündete das Ministerium unlängst die Veröffentlichung eines neuen Geschichtslehrbuchs, das den Ruhm des slowakischen Volkes verdeutlichen soll. Natürlich gefährdet das Gesetz andere Kulturen und Sprachen, die in diesem Teil der ehemaligen Tschechoslowakei beheimatet sind, und kann zu neuen Konflikten zwischen den unterschiedlichen Volksgruppen des Landes führen.

Anfang des Jahres 2010 berichtete das unabhängige russische Online-Nachrichtenportal *Moskow News*, dass Moskau und Sankt

Petersburg die gefährlichsten Städte Russlands für »nicht-weiße« Ausländer seien. Im Jahr zuvor hatten sich in Russland, wie in dem Artikel zu lesen war, 71 rassistisch motivierte Morde und 333 gewaltsame Übergriffe ereignet. All dies sei eine Folge von straßenkriegsähnlichen Zusammenstößen zwischen neofaschistischen Jugendlichen und gegnerischen Gruppierungen. Die Internetseite *Antifa* berichtete beispielsweise, dass ein Jugendlicher aus ihren Reihen während eines Konzertes von mehreren neofaschistischen Jugendlichen hinterrücks überfallen worden sei. Sie stachen so lange auf ihn ein, bis er tot war. In diesem Zusammenhang wurde auch an die Ermordung weiterer Aktivisten in verschiedenen Ländern erinnert. Die Antifa ist ein globales Netzwerk jugendlicher Antifaschisten und Antirassisten.

An einer Bushaltestelle auf dem Berliner Alexanderplatz sind mir einmal einige jugendliche Antifa-Aktivisten begegnet. Es waren Punks mit Irokesenhaarschnitt und engen Hosen. Die Antifa in Deutschland ist dafür bekannt, dass sie Demonstrationen der neofaschistischen NPD (Nationaldemokratische Partei Deutschlands) stören und manchmal auch verhindern. »Im Februar 2010 gelang es einem Bündnis aus Linken und Demokraten in Dresden, eine Demonstration anlässlich des Jahrestages der Bombardierung der Stadt im Zweiten Weltkrieg zu blockieren, zu der Neonazis aus ganz Europa angereist waren.« Diese Zeilen stammen aus einer E-Mail, die mir Sonny Mumbanan geschickt hat, der zu dieser Zeit in Leipzig studierte.

Entgegen allen Protesten von Aktivisten und Unterstützern der antifaschistischen Bewegungen darf die NPD an Wahlen teilnehmen. Als Begründung dafür wird die Demokratie herangezogen. »Bei den Parlamentswahlen im Jahr 2009 erlangte die NPD 1,5 Prozent der Stimmen. Sachsen, das Bundesland, in dem ich lebe, ist eine der Hochburgen der NPD. Bei den sächsischen Parlamentswahlen 2009 wählten 5,6 Prozent der Bürger die Partei. Leipzig und Dresden sind zwei wichtige Städte in Sachsen«, schreibt Sonny in seiner Nachricht.

Die Spannungen zwischen neofaschistischen Gruppen und ihren Gegnern ist allerdings nicht nur in Deutschland ein Problem, wie das Beispiel Russlands zeigt. Der Gipfel dieser Spannungen in Russland war erreicht, als Adolf Hitlers »Mein Kampf« verboten wurde. Aus Sicht der russischen Regierung hat das Buch die Renaissance des Faschismus nach dem Nationalsozialismus inspiriert. »Mein Kampf« propagiert Militarismus, legitimiert die Diskriminierung und Vernichtung sogenannter »nicht-arischer« Rassen und bereitete letztlich den Weg für den Ausbruch des Zweiten Weltkrieges.

Faschismus wird häufig mit der nationalistischen Bewegung in Italien in Verbindung gebracht, die ihren Ausgang nach dem Ende des Ersten Weltkrieges unter der Herrschaft Benito Mussolinis nahm. Die faschistische Ideologie basiert auf einem Einparteiensystem, propagiert Gewalt und Krieg als Mittel der Politik und proklamiert die Notwendigkeit der sogenannten »Rassenreinheit«.

Der spätere Faschismus Adolf Hitlers, der durch die Nationalsozialistische Partei Deutschlands (NSDAP) praktiziert wurde, war noch weitaus aggressiver und wird deshalb speziell als Nazismus bezeichnet, um ihn von anderen Formen des Faschismus zu unterscheiden. Hitler hatte die Zerstörung und Niederlage Deutschlands im Ersten Weltkrieg erlebt und war fest entschlossen, dafür Rache zu üben. Er nahm sich vor, den Nationalstolz Deutschlands wiederzubeleben, um letztlich nach der Weltherrschaft zu greifen, was er mit dem Konzept der Überlegenheit der arischen Rasse legitimierte.

Aus Hitlers Sicht hatte die politische Linke Verrat an Deutschland begangen, indem sie während der Weltwirtschaftskrise große Streiks für die Rechte der Arbeiter organisierte. »Der Faschismus war antisozialistisch und koalierte mit der Großindustrie. Die Nazis arbeiteten mit den Chemiekonzernen und anderen Industrien, die sie unterstützten, zusammen«, erzählt Franz Magnis-Suseno, ein aus Deutschland stammender Jesuitenpater, der in Jakarta Philosophie unterrichtet, während einer Diskussion an der Universität Indonesien (*Universitas Indonesia*) in Jakarta zum Thema Faschismus.

Die Nazis töteten ihre Gefangenen in Gaskammern. Die dafür benötigten Chemikalien wurden von der deutschen Industrie geliefert. Selbst die evangelische und die katholische Kirche arbeiteten mit den Nazis zusammen. Anfangs äußerten die Kirchen noch Kritik, ließen die Nazis dann aber zunehmend gewähren. Die christlichen Kirchen glauben, dass Jesus Christus am Kreuz starb, weil er von den Juden verraten wurde. Die daraus resultierende antijüdische Haltung innerhalb der katholischen Kirche lässt sich über 2000 Jahre teilweise bis heute nachzeichnen. Ironischerweise war Jesus selbst Jude, ein Faktum, das Hitler zu verschleiern suchte. Papst Pius XII. beispielsweise ließ in allen Kirchen Portraits von Hitler aufhängen. Fast ein halbes Jahrhundert später entschuldigte sich Papst Johannes Paul II. für die Unterstützung der Judenverfolgung durch die katholische Kirche und erkannte den Staat Israel offiziell an.

Laut Franz Magnis-Suseno waren zwei zentrale Merkmale des Faschismus die Ablehnung alles Intellektuellen und der unbedingte Willen, alles Schwache auszurotten. »Faschismus speist sich aus kollektivem Hass«, sagt Suseno. Neben der planmäßigen Vernichtung der Juden, ließ Hitler Behinderte, psychisch Kranke und Homosexuelle in den Gaskammern töten, um die »Rasse« der Arier zu »reinigen«, die er für überlegen hielt. Hitler schickte auch Kommunisten und christliche Gruppen wie die Zeugen Jehovas, die den Hitlergruß verweigerten, in die Gaskammern. Diesen Gräueltaten fielen mehr als sechs Millionen Menschen zum Opfer.

Der Indonesier Parlindoengan Lubis studierte in den 1930er Jahren in Holland Medizin und war in der studentischen indonesischen Unabhängigkeitsbewegung aktiv. Zu Beginn der 1940er Jahre wurde er von den Nazis beschuldigt, ein Kommunist zu sein, und verhaftet. Es begann eine Odyssee durch verschiedene Konzentrationslager Europas. Er war der einzige Indonesier, der von den Nazis gefangen gehalten wurde. Er überlebte und verarbeitete seine Erlebnisse in seiner Autobiographie »Ein Indonesier im Konzentrationslager der Nazis« (*Orang Indonesia di Kamp Konsentrasi Nazi*).

Genetische Untersuchungen haben später gezeigt, dass so etwas wie eine arische Rasse nie existiert hat, es sich also um nichts anderes als eine »Phantasierasse« gehandelt hat. Vielmehr trägt ein Großteil der Weltbevölkerung semitische Gene in sich, also die der Vorfahren der arabischen und jüdischen Bevölkerung.

Selbst in Indonesien gründete sich während der holländischen Kolonialherrschaft im Juli 1933 in Bandung auf der Insel Java die Faschistische Partei Indonesiens. Der Gründer Notonindito war vom Sieg der Nazipartei Hitlers bei den Reichstagswahlen im März 1933 inspiriert worden und wollte nun die Naziideologie in Indonesien verbreiten. Die »Herrenrasse« konnte in seinem Konzept natürlich schlecht aus Ariern bestehen. Also erklärte er kurzerhand die »javanische Rasse« zur überlegenen. »In dieser Zeit wurde Nazismus als neue soziale Bewegung in Europa wahrgenommen, die nach der Depression beziehungsweise Weltwirtschaftskrise der 1930er Jahre den Weg in die Freiheit versprach. Die Menschen waren sich ihrer Gefahr nicht bewusst. Holländer und europäisch-indonesische Mischlinge (*orang Indo*) gründeten also eine faschistische Organisation in Niederländisch-Indien«, schreibt Wilson, der Autor des Buches »Nazis und die Nazi-Partei in Indonesien«. Er war der erste, der die Gründung der Faschistischen Partei Indonesiens ins Bewusstsein der indonesischen Öffentlichkeit zurückholte.

Einige Vertreter der indonesischen Unabhängigkeitsbewegung ließen sich vom Faschismus verblenden. Sutomo, Gründer von *Boedi Utomo* und der Partei Großindonesien (*Partai Indonesia Raya*, PIR) unterstützte Nazideutschland und das faschistische Japan. Wilson schreibt dazu: »In Niederländisch-Indien war schon vor der Machtergreifung Hitlers die Rede vom Faschismus. Zwei indonesische Führer – Tan Malaka und Mohammad Hatta – hatten bereits früh vor der faschistischen Gefahr gewarnt. Tan Malaka veröffentlichte eine Erklärung, in der er die Kolonialmächte als faschistische Staaten bezeichnete, nachdem ein groß angelegter Streik, der im Jahr 1923 von Gewerkschaftlern und Kommunisten organisiert worden war, mit Massenverhaftungen durch die Kolonialverwaltung geendet hatte.«

Der Hass Hitlers auf die jüdische Bevölkerung manifestierte sich auch in der Verunglimpfung von Äußerlichkeiten. So behauptete er, Juden würden sich ungern waschen, übel riechen und wirkten ständig erschöpft. In seinem Buch »Mein Kampf« behauptete er gar, dass sich bei der Sektion jüdischer Menschen Spinneneier in ihren Körpern finden ließen. Ungeachtet dessen, wie irrational, mystisch und voller Mythen die Ideologie Hitlers auch immer gewesen sein mag, sie ist offensichtlich einfach nicht tot zu kriegen.

Die Renaissance engstirnigen Nationalstolzes beziehungsweise die Verbreitung des Neofaschismus beschränkt sich jedoch nicht nur auf Europa. Eine Gruppe, die die Überlegenheit der weißen Hautfarbe propagiert, demonstriert regelmäßig in Los Angeles. Neben der Flagge der Vereinigten Staaten von Amerika stellen sie die Hakenkreuzfahne der Nazis zur Schau. Anders als die jungen Patrioten in der Slowakei, die den Machtanspruch der Mehrheitsgesellschaft propagieren, richten sich diese den Faschismus befürwortenden Demonstranten gegen dunkelhäutige Mitbürger und Einwanderer, die als illegitime Konkurrenten um knappe Arbeitsplätze stigmatisiert werden. In den USA existiert außerdem eine Geheimgesellschaft, deren Symbol ein brennendes Kreuz ist – der Ku Klux Klan. Sie bekämpfen die dunkelhäutige Bevölkerung der USA und begreifen ihre Bewegung als Fortsetzung des US-amerikanischen Bürgerkrieges, der im Jahre 1865 zu Ende gegangen war. In eben diesem Jahr erklärte Präsident Abraham Lincoln die Sklaverei für beendet, nachdem er einen Krieg gegen die Konföderation der Südstaaten geführt hatte, die die Sklaverei aufrechterhalten wollten. Der vorerst letzte, posthume Schlag Lincolns gegen Sklaverei und Rassismus war wahrscheinlich die Wahl Barack Hussein Obamas zum 44. Präsidenten der USA.

Während sich Europa und die USA mit dem Neofaschismus herumschlagen, befinden sich Afrika und Asien inmitten eines Kampfes gegen religiösen Fundamentalismus. So tötet etwa die *Lord's Resistance Army*, eine fundamentalistische katholische Bewegung im Kongo, Dorfbewohner im Namen Gottes. Der Führer der Bewegung ist ein ehemaliger Messdiener. Er zieht bereits seit 20 Jahren durch die Lande, um seine Überzeugungen durch, wie er behauptet, von Gott gesegnete heilige Taten zu verbreiten. Die Anhänger der Bewegung halten Frauen unter dem Vorwand, sie zu beschützen, wie Sklavinnen in Harems.

Im Sudan gibt es die fundamentalistische islamische Bewegung *Janjaweed*, die in Dafur (Sudan) und im benachbarten Tschad operiert. Die Miliz, deren Name so viel bedeutet wie »Satan auf dem Rücken des Pferdes«, besteht vornehmlich aus Arabern. Ihr werden Vergewaltigungen von Frauen und das Abschlachten von geschätzten 400.000 Menschen verschiedener Ethnien in der Region vorgeworfen.

In Indonesien explodierten Bomben in verschiedenen Cafés und Diskotheken Balis. In Jakarta detonierte eine Bombe vor einem Hotel. Eine Gruppe, die mit den Bombenanschlägen in Verbindung gebracht wird, wurde in Aceh von der Antiterroreinheit der indonesischen Polizei dingfest gemacht. Während die Faschisten in Europa Immigranten und »Nichtweiße« bekämpfen, richtet sich der Hass dieser Leute gegen Weiße beziehungsweise Juden und Christen. Dennoch waren die meisten der Opfer der Anschläge Hotelangestellte, Wachleute und Urlauber. Unter ihnen viele Indonesier, die selbst Muslime sind.

Es wird behauptet, dass das Anwachsen und die Verbreitung radikalislamischer Bewegungen die Folge der antiterroristischen Propaganda der USA oder der Islamophobie in den westlichen Ländern sei. Andere sprechen davon, dass der Konflikt zwischen Israel und Palästina diese Entwicklungen befeuert. All das mag zwar die Entstehung und Verbreitung des Phänomens erklären, kann das Handeln der Terroristen jedoch niemals legitimeren. Was sie tun, ist grausam und tödlich. Was für eine Solidarität mit den Menschen im Mittleren Osten soll das sein, die sich im Töten der eigenen Landsleute manifestiert?

Von einem Freund habe ich erfahren, dass islamische Fundamentalisten nach einem Staat streben, der von einem Kalifen angeführt wird. Sie träumen von einem die ganze Welt umspannenden Wohlfahrtskalifat, dessen Einwohner eine Art Freifahrtschein ins Paradies besitzen. Um diese Idee zu verwirklichen, ist ihnen jedes Mittel recht: Gewalt, Terror, bewaffneter Widerstand und Subversion. Eine Reihe von Historikern nennt diese Gruppen deshalb »islamofaschistisch«. Trotzdem ich am Ende meiner Ausführungen auf die

Zusammenarbeit zwischen Palästina und Nazideutschland zu sprechen kommen werde, die vor allem politisch und nicht religiös motiviert war, widerstrebt mir persönlich diese Bezeichnung. Sie ist voller Vorurteile und irreführend zugleich.

Als Hitler den Nationalsozialismus begründete, lag Deutschland nach dem Ersten Weltkrieg am Boden und die Welt drohte in einer Wirtschaftskrise zu versinken. Hitler versuchte, das Selbstwertgefühl der Deutschen wiederherzustellen, und wollte eine Art globales Kaiserreich unter der Führung einer auserwählten Rasse errichten. Heute erlebt die Welt erneut eine globale Wirtschaftskrise, die jedoch unter anderen Umständen verläuft als jene nach dem Ersten Weltkrieg. Die Ziele der Nachfolger Hitlers und der Unterstützer des religiösen Fundamentalismus überschneiden sich in einem ganz bestimmten Punkt: dem Anspruch auf die totale Kontrolle aller Lebensbereiche.

Es gibt einen sehr augenfälligen Aspekt in »Mein Kampf«, der meiner Ansicht nach erklärt, weshalb sich das Buch in Indonesien so gut verkauft und nicht, wie in Russland, verboten ist. Es ist die antijüdische und antizionistische Haltung Hitlers, die in Indonesien auf fruchtbaren Boden fällt. Wie die Mehrzahl der Indonesier befürworte auch ich die Unabhängigkeit Palästinas. Ich lehne jede Form der Eroberung und Kolonialisierung ab, also auch die Besetzung Palästinas durch den israelischen Staat. Obwohl Israel bei weitem nicht alle Angehörigen des jüdischen Volkes repräsentiert, stellen die ungebildeten Schichten Indonesiens das jüdische Volk unter den Generalverdacht, die israelische Politik in Palästina zu unterstützen. Der antijüdische Fanatismus in »Mein Kampf« wird dementsprechend für die antijüdische Rhetorik der islamischen Fundamentalisten in Indonesien instrumentalisiert. »Mein Kampf« ist übrigens auch in Palästina nicht verboten und erschien dort in mehreren Auflagen.

Während des Zweiten Weltkriegs ergriff Mohammed Amin al-Husseini, der Großmufti von Jerusalem, offen Partei für Nazideutschland. Er traf Hitler 1941 in Berlin und erklärte, dass der Kampf Nazideutschlands und der arabischen Völker ein gemeinsamer Kampf gegen die Juden sei. Der SS-Führer Heinrich Himmler sandte gar einen Brief an al-Husseini, in dem er ihm die Unterstützung Nazideutschlands für ein unabhängiges Palästina zusicherte. Al-Husseini spielte später im Jahre 1964 eine zentrale Rolle bei der Gründung der Palästinensischen Befreiungsorganisation (PLO). Aus seiner Sicht hatte er keine andere Wahl, als mit den Nazis zu paktieren. In ihm brannten Enttäuschung und Rachegefühle für den Verrat und die Leiden des palästinensischen Volkes.

Bis der Kolonialismus Englands den Krieg zwischen den beiden Völkern auslöste, existierten sie friedlich nebeneinander. Die Araber unterstützten England während des Ersten Weltkrieges gegen das Osmanische Kalifat, das sie kolonisiert hatte. Letztlich brach das Osmanische Reich und mit ihm das Kalifat zusammen. Was war geschehen?

Der englische Außenminister, Lord Arthur James Balfour, erklärte im Jahre 1917 öffentlich im Namen der Regierung, dass England die Errichtung des israelischen Staates auf dem Gebiet des bereits existierenden Staates Palästina unterstütze. Für Palästina war die Balfour-Deklaration purer Verrat. Dabei sollte es jedoch nicht bleiben. England finanzierte später die zionistische Untergrundorganisation *Irgun,* die in Palästina mit Unterstützung speziell dafür von den Engländern ausgebildeter Kräfte Terroranschläge verübte, um die Bevölkerung von ihrem Land zu vertreiben.

Die englische Regierung hat nie grundlos Geschenke verteilt. Offensichtlich verhielt es sich so, dass die Unterstützung der Palästinenser gegen das Osmanische Reich nichts im Vergleich zu den Vorteilen war, die sich England aus der Zusammenarbeit mit der zionistischen Bewegung erhoffte. Balfour traf sich mit Chaim Weizmann, einem jüdischen Chemiker, der in England lebte. Er hatte es geschafft, Aceton, das England dringend zur Herstellung von Sprengstoff im Ersten Weltkrieg benötigte, zu synthetisieren. Im Gegenzug forderte Weizmann einen jüdischen Nationalstaat in Palästina. Belfour stimmte zu. Al-Husseini ergriff seinerseits politische Maßnahmen und verbündete sich mit Nazideutschland gegen die zionistische Bewegung, die wiederum von den westlichen Siegermächten des Ersten Weltkrieges unterstützt wurde. Sein Vorhaben sollte letztlich scheitern. Der Staat Israel wurde 1948 gegründet.

Die antijüdischen Ressentiments in Indonesien entbehren dennoch nicht einer gewissen Ironie. Der große islamische Gelehrte, Dichter, Nationalheld und Vater der indonesischen Sprache, Raja Ali Haji bin Raja Ahmad bin Raja Haji Fisabilillah, schreibt in seinem historischen Verswerk »Thufat Al Nafis«, dass das Volk der Bugis von der Königin Balqis und dem Propheten Sulaiman abstammt. Demzufolge sind die Bugis echte Nachfahren des jüdischen Volkes. Wie wir wissen, war unser geliebter Prophet Sulaiman der berühmteste König des jüdischen Volkes. Königin Balqis wiederum war die Königin von Saba im heutigen Jemen. Eine sehr engstirnige Auslegung von Koran und Hadithen vorausgesetzt, könnten sich manche Muslime Indonesiens durchaus dazu berufen fühlen, die Bugis bis ans Ende aller Tage zu bekämpfen.

Es darf nicht vergessen werden, dass die Chinesen (in Südostasien) häufig mit den Juden verglichen werden, deren Diaspora in den USA wirtschaftlich und politisch sehr einflussreich ist. Die Menschen unterscheiden dabei nicht mehr zwischen denjenigen Chinesischstämmigen, die die Staatsbürokratie bestechen oder sogar hinter dem Wahlsieg eines Präsidenten stecken, und denjenigen, die in den Armenvierteln von Tangerang oder Singkawang leben und tagtäglicher Diskriminierung ausgesetzt sind. Es ist nicht ausgeschlossen, dass mancher für seine antichinesische Haltung auch eine Art mystische Rechtfertigung in »Mein Kampf« findet.

Hitler war zudem ein Antikommunist. Soweit wir wissen, war Antikommunismus auch eine der Grundlagen der Neuen Ordnung unter Suharto in Indonesien. Das Stigma des Kommunismus wird bis zum heutigen Tage instrumentalisiert, um jeden, der kritisch denkt und gegen die Mächtigen aufbegehrt, zum Schweigen zu bringen. Hitler tötete Kommunisten, weil er sie als Verräter an Deutschland betrachtete. Suharto, ein Offizier der indonesischen Armee, und seine Unterstützer, islamische Massenorganisationen eingeschlossen, metzelten in den Jahren 1965 und 1966 Hunderttausende, ja vielleicht Millionen Kommunisten und diejenigen hin, die sie als solche bezeichneten. All das geschah mit der Begründung, sie hätten Verrat an der indonesischen Staatsphilosophie *Pancasila* begangen. *Ansor*, die Jugendorganisation von *Nahdlatul Ulama* (NU), der größten islamischen Massenorganisation Indonesiens, war an der Seite der indonesischen Armee ganz besonders an diesen Massenmorden beteiligt. Heute gilt die NU als eine Organisation, die sich für gesellschaftlichen und religiösen Pluralismus einsetzt. Dieses Massaker war eines der furchtbarsten der Moderne und der blutige Höhepunkt der Gegnerschaft zwischen der indonesischen Armee und der Führung der Kommunistischen Partei Indonesiens. Als alles vorbei war, wurde Suharto Präsident Indonesiens und sollte es für 32 Jahre bleiben.

Amerika, Osama und Israel

Im Juli 2010 wurde der Franzose Michel Germaneau im Norden des Niger entführt und später in Mali ermordet. Der Fernsehsender Al Jazeera berichtete, die Täter seien Mitglieder der sogenannten »Al-Qaida im islamischen Maghreb«, abgekürzt AQIM, eine Ableger von Al-Qaida in Nord- und Westafrika. AQIM forderte den Abzug der französischen Armee aus Afghanistan.

Nachdem klar war, dass der Führer von Al-Qaida, Osama bin Laden, für die verheerenden Anschläge auf das World Trade Center (WTC) in New York im Jahr 2001 verantwortlich war, schwor die amerikanische Regierung ihre Streitkräfte und Verbündeten auf das Ziel ein, ihn zu finden – tot oder lebendig.

Germaneau war 78 Jahre alt. Ein pensionierter Ingenieur und Normalbürger, der sich wahrscheinlich bis zuletzt gefragt hat, weshalb er für etwas getötet werden soll, das so überhaupt nichts mit ihm zu tun hat. Das Video von Al Jazeera, in dem von seiner Tötung berichtet wird, zeigt Bilder der unfruchtbaren Sahara, von beschlagnahmten Waffen, die aufgereiht im Sand liegen, und von verhafteten Arabern, denen die Wut ins Gesicht geschrieben steht. Dann wird das Bild eines hellhäutigen Mannes mit langem, wirrem Haar eingeblendet. Er trägt ein Hemd, das viel zu weit für seinen dürren Körper ist. Es zeigt niemand anderen als Germaneau, das Opfer dieser Barbarei.

Es heißt, dass Al-Qaida in den letzten zehn Jahren stetig an Popularität gewonnen hätte. Zum ersten Mal kam mir der Name unter, als die beiden entführten Flugzeuge am 11. September 2001 in das World Trade Center flogen und fast dreitausend Menschen in den Tod rissen. Die Bilder der Verwüstung im Herzen der USA liefen wieder und wieder im Fernsehen. Die Flugzeugentführer stammten aus Saudi-Arabien, dem Libanon, Ägypten und den Vereinigten Arabischen Emiraten, die meisten von ihnen waren Saudis. Kurz darauf erschien das Konterfei Osama bin Ladens auf den Fernsehbildschirmen der Welt, begleitet von einem Wutausbruch der US-Regierung unter George W. Bush gegen den Saudi. Den Krieg gegen bin Laden erklärte die US-Regierung der ganzen Welt als Krieg gegen den Terror. Diejenigen, denen er erklärt worden ist, bezeichnen ihn ihrerseits als Krieg gegen den Islam.

Und wie verhielt es sich in Jakarta nach dem 11. September? Straßenverkäufer boten Osama-bin-Laden-Poster auf den Straßen feil, als wäre er ein Volksheld. Die Poster hingen neben denen von Popsängern und Fußballstars. Genauso verkauften sie damals Plakate von Che Guevara, dem Vater der kubanischen Revolution, als Ikone des Widerstandes, nachdem es 1998 mit den Regime der Neuen Ordnung von Suharto zu Ende gegangen war. Eines Tages sah ich in den Straßen Jakartas ein Kind auf dem Sozius eines Mopeds, das mit beiden Händen die Hüften des Vaters umschloss, während dieser das Moped sicher durch den Stau Jakartas manövrierte. Den Rücken des Kindes »zierte« das Konterfei Osamas. Wahrscheinlich wusste der Vater nicht einmal, dass das T-Shirt seines Kindes einen weltweit Gesuchten darstellte. Wer die Propaganda Osamas unterstützt und sich so in diesen »Krieg« verwickeln lässt, tut nichts anderes, als sinnloses Töten zu legitimieren.

Einer meiner Freunde sagt, dass der Angriff auf das World Trade Center direkt mit der Politik der Bush-Regierung zusammenhing. Die Mehrzahl der Attentäter stammten, wie gesagt, aus dem wahabitischen Saudi-Arabien, dem engsten Verbündeten der USA im Nahen Osten und wichtigsten Handelspartner im Ölgeschäft. Er glaubt an eine Verschwörungstheorie.

Wahrscheinlich erinnern sich noch so einige Menschen an die Geschichte der Zusammenarbeit zwischen Osama bin Laden und der US-amerikanischen Regierung, die in Osama den Mann ihres

Vertrauens gesehen hatte, als es um die Vertreibung der Sowjets aus Afghanistan ging. In dieser Zeit unterstützte die US-Regierung das Militärregime unter Zia-ul-Haq in Pakistan. Selbstverständlich waren Zia und Osama sich ausgesprochen nah. General Zia finanzierte alle Koranschulen der Deobandis in Pakistan, die islamische Kämpfer aus 35 Ländern, inklusive Indonesien, rekrutiert hatten, um gegen die sowjetische Armee in Afghanistan zu kämpfen. Diejenigen, die damals Verbündete waren, sind heute Feinde.

In einem Dokumentarfilm über das Außenministerium der USA, der im April 2011 vom Fernsehkanal von *National Geographic* ausgestrahlt wurde, sagt die Außenministerin Hillary Clinton sehr deutlich: »Wir waren es, die die islamischen Gotteskrieger geschaffen haben. Wir haben diejenigen, die heute auf der anderen Seite stehen, trainiert und mit Waffen ausgerüstet.«

Clinton reiste damals nach Pakistan, um das Image der USA aufzupolieren. Das war auch dringend nötig, da neun von zehn Pakistanern die USA hassten. Nach ihrem Besuch veränderte sich diese Zahl nur marginal. Nun waren es nur noch acht von zehn. In einer Frage-Antwort-Runde zwischen Clinton und Pakistanern sagte ein Teilnehmer, dass der Krieg der USA nicht der ihre sei.

Die Verbündeten der USA in Afghanistan sind alles andere als ewige Freunde. In dem Moment, in dem die US-Regierung beispielsweise vom afghanischen Präsidenten Hamid Karzai verlangte, der Korruption innerhalb seiner Regierung ein Ende zu machen, drohte er damit, sich mit den Taliban zu verbünden. Die Korruption innerhalb der Bürokratie in Afghanistan hat extreme Ausmaße erreicht. Im Rahmen einer Aktion des US-amerikanischen Geheimdienstes, in der es um die Ergreifung Osama bin Ladens ging, flossen kofferweise US-Dollar an das verbündete Afghanistan. In dem Moment, in dem es der US-amerikanischen Spezialeinheit *Delta Force* gelungen war, sich der von 700 Kämpfern bewachten Höhle, in der sich Osama versteckte, zu nähern und sie bereit waren, mit ihrem tödlichen Angriff loszuschlagen, machten sich die afghanischen Einheiten in Scharen auf nach Hause, um ein Nickerchen zu halten. Ein anderes Mal ließ ein afghanischer Soldat

Osama bin Laden laufen, als er ihn zufällig auf der Straße traf. Sie hatten gemeinsam im Heiligen Krieg (*jihad*) gegen die Sowjetunion gekämpft.

Seit der Zerstörung des World Trade Centers ist mehr als eine Dekade vergangen, aber das Trauma und der Hass, die die Tragödie ausgelöst hat, sind bis heute spürbar. Im August 2010, einen Monat nach dem Tod von Germaneau, erhielt ich eine E-Mail von Edward, einem engen Freund aus den USA. Er berichtete von hitzigen Debatten innerhalb seiner Großfamilie über die Pläne, eine Moschee und ein islamisches Bildungszentrum in der Nähe der ehemaligen Zwillingstürme zu bauen. Edward unterstützte das Bauvorhaben, was diejenigen in seiner Familie, die dagegen waren, auf die Palme brachte. Einige seiner Familienmitglieder entwickelten nach dem 11. September eine sehr negative Sicht auf den Islam. Sie begannen, über islamische Praktiken und die Auslegung der heiligen Schriften zu debattieren. Edward gab in seinen E-Mails an mich entsprechende Kommentare wieder, die ich an dieser Stelle zitieren möchte. Tom ist der ältere Bruder von Edward und hat eine Professur an der Universität Minnesota inne. Sam ist Edwards Neffe und arbeitet als Anwalt.

Edward: »Unser Krieg gegen den Terror ist kein Krieg gegen den Islam. Die radikalen Muslime sind in der Minderheit. Wir müssen den moderaten Islam umarmen und uns gemeinsam gegen die Extremisten in der islamischen Welt wehren. Du kannst zum Beispiel nicht behaupten, dass alle Menschen in Afghanistan Taliban sind. Die Leute, die du Taliban nennst, kommen aus ganz unterschiedlichen Ländern. Das ist ein Fakt.«

Sam: »Du behauptest mit anderen Worten, dass die Extremisten aus verschiedenen Ländern mit großem muslimischem Bevölkerungsanteil kommen. Die Extremisten sind tatsächlich eine Minderheit, aber sie haben ein Umfeld, das sie aktiv unterstützt, sie mit Essen, Obdach, Geld und Transportmitteln versorgt. In diesem Augenblick gibt es circa einhundert Millionen Menschen, die in Bewegungen organisiert sind, die sich mittels ihrer Religion legitimieren. Das ist keine Minderheit, sondern bereits Mainstream. Die Ursache des Problems liegt letztlich darin, wie der Koran ausgelegt wird. Er sollte gemäßigt ausgelegt werden, ähnlich wie das auch mit der Bibel vor Hunderten von Jahren geschehen ist. Es braucht Bewusstsein und Wissen unter den Muslimen selbst, um gegen den Extremismus vorzugehen. Die Christen haben sich auch gegen die Sklaverei aufgelehnt, obwohl es Passagen in der Bibel gibt, die Sklaverei erlauben. Sie haben gegen Diskriminierung gekämpft, obwohl die Bibel an einigen Stellen Diskriminierung rechtfertigt. Diese Menschen haben ganze Bewegungen angeführt und gegen die Sklaverei demonstriert. Dies hat auch Martin Luther King, nicht Mullah King, getan. Seit dem 11. September gibt es keine großen Demonstrationen irgendwo in der Welt, die sich gegen die Ideen radikaler Muslime wenden. Das bedeutet, es handelt sich hier nicht um eine Minderheit, sondern um Mainstream.«

Tom: »Wie steht es mit dem Iran? Haben dort nicht große Proteste gegen Ahmadinedschad stattgefunden?«

Sam: »Diese Proteste hatten mit internen Problemen im Iran zu tun und nicht mit den Muslimen, über die wir hier sprechen.«

Die Debatte innerhalb der Familie Edwards ist sehr interessant. Heilige Schriften haben tatsächlich etwas Statisches. Die Verse bleiben dieselben, aber die Zeiten ändern sich. Die Menschen müssen die Texte im Kontext der Gegenwart auslegen beziehungsweise sie kritisieren, um eine Welt zu schaffen, die zivilisierter ist.

Präsident Obama und der Bürgermeister von New York unterstützten den Bau der Moschee und des islamischen Bildungszentrums in der Nähe des Ortes, wo einst die Zwillingstürme standen. Dennoch berichtete das indonesische Fernsehen lediglich von dem Prediger Terry Jones, der öffentlich zu Koranverbrennungen aufrief, um gegen die Entscheidung Obamas zu protestieren. Viele Indonesier hat diese Aktion sehr wütend gemacht. Natürlich können sie nicht akzeptieren, dass ihre Heilige Schrift verbrannt werden soll. Einige drohten gar damit, Christen zu verbrennen. Sie vergessen, dass Papier und Menschenleben zwei äußerst verschiedene Dinge sind. Papier kann wieder produziert werden. Der Koran kann immer wieder gedruckt werden, genauso die Bibel, ein Individuum jedoch nicht.

Aufgrund ihrer begrenzten Informationen war meinen wütenden Mitbürgern nicht klar, dass tausende Menschen unterschiedlichster Kongregationen und sogar Atheisten sich dafür engagierten, dass die Moschee und das Bildungszentrum gebaut werden können. Diese Leute demonstrierten im Zentrum New Yorks und unterstützten Präsident Obama.

Aber was war das Ziel von Osama, als er das World Trade Center zerstören und Bürger töten ließ, die in seinen Krieg mit den USA gar nicht involviert waren? An den Gedanken dieses Bauingenieurs, der an der Universität König Abdulaziz in Dschidda studiert hat, gibt es etwas Auffallendes. Als Muslim legte er den Koran so aus, dass er keine Andersgläubigen in Saudi-Arabien akzeptierte. Zu seinem Leidwesen erlaubt das Land den USA, in Dhahran eine Militärbasis zu unterhalten, die gleichzeitig als Festung der Saud-Monarchie gegen die eigene Bevölkerung dient. Er wollte Saudi-Arabien von all jenen reinigen, die er als »gottesfeindlich« betrachtete, die nicht als Touristen kommen, sondern mit Waffengewalt.

Auf Grundlage seiner Erfahrungen in Afghanistan und nach der jahrelangen Auseinandersetzung mit dem arabisch-israelischen Krieg kam Osama zu dem Schluss, dass die Hauptursache dieses Konfliktes die USA sind und das Grundproblem des arabischen Volkes der Staat Israel ist. Er hatte gehofft, dass, indem er den Terror in die USA trägt, die amerikanische Bevölkerung seine Regierung unter Druck setzen würde, sodass diese ihre Haltung gegenüber Israel und ihre gesamte Außenpolitik verändern würde. Aus seiner Sicht war die Strategie, die Bürger unter Druck zu setzen und Propaganda einzusetzen, die einzig richtige. Er hätte nie Militäreinrichtungen der Supermacht angegriffen, die ohnehin nicht zu besiegen sind. Ein Ziel der weltweiten Politik der Gewalt von Leuten wie Osama ist die Zerstörung des Staates Israel. Al-Qaida akzeptiert die Existenz eines israelischen Volkes, aber nicht die des israelischen Staates. Während der Präsidentschaft Obamas scheint die Unterstützung der USA für Israel jedoch eher zugenommen zu haben.

Am 18. Februar 2011 brachte der Weltsicherheitsrat eine Resolution auf den Weg, die Israel dazu aufforderte, den Neubau von Siedlungen im Westjordanland und im östlichen Jerusalem zu stoppen. Der Sicherheitsrat argumentiert darin, dass das Vorgehen Israels eine völkerrechtswidrige Besetzung Palästinas darstelle. Im Jahr 1967 annektierte Israel den Gazastreifen und das Westjordanland, im Jahr 1980 Ostjerusalem. Die drei Gebiete werden bis heute von Israel beherrscht. 14 Mitglieder des Weltsicherheitsrates und 130 Mitgliedsstaaten der Vereinten Nationen unterstützten die Resolution, die USA machte jedoch von ihrem Vetorecht Gebrauch, sodass sie schlussendlich nicht verabschiedet wurde. Osama ist also mit seiner Strategie gescheitert. Die USA unterstützen Israel weiterhin. Die US-Bevölkerung scheint im Kampf gegen den Terror vielmehr näher an ihre Regierung herangerückt zu sein. Es ist also das Gegenteil dessen eingetreten, was sich Osama erhofft hatte. Er musste lernen, dass seine Vorstellung vom Guten nicht mit Gewalt erzwungen werden kann.

Dennoch folgen die Anhänger Osamas nach wie vor weltweit seiner Logik. Sie verüben Bombenanschläge an öffentlichen Plätzen und töten Zivilisten, um Druck auf die dortige oder andere Regierungen auszuüben. Dieser Krieg scheint kein Ende zu finden. Es wird also weiterhin Menschen geben, die dasselbe Schicksal wie Michel Germaneau werden erleiden müssen.

Epilog

Drei Wochen nachdem dieses Essay auf Facebook veröffentlicht wurde, verkündete Präsident Obama am 1. Mai 2011 den Tod von Osama bin Laden. Eine Spezialeinheit der USA hatte das Haus im pakistanischen Abbottabad, in dem er sich versteckt hielt, angegriffen. Er, ein Kind und zwei seiner Leibwächter kamen dabei ums Leben. Laut offiziellen Angaben der US-Regierung wurde die Leiche Osamas auf See bestattet. Der Tod Osamas hat den Terror und die Gewalt indes nicht stoppen können. Ohne eine Bearbeitung seiner Ursachen wird dieser »Krieg« kein Ende finden.

Eine Geschichte aus dem Süden

Die arabischen Schriftzeichen, die in das Stück Holz geschnitzt sind, bedeuten Allah und Mohammed. Jeder Gast, der hierher kommt, sieht sie sofort. Sie schmücken die Wand der Veranda in Richtung Straße. Das Haus liegt am Stadtrand von Patani. Es ist ein Pfahlhaus, dessen Wände in einem matten Braun gestrichen sind. Ich höre die Stimme des Hausbesitzers, der mich bittet heraufzukommen. Ich setze meine Füße auf die wackeligen Stufen der Treppe. Der Bretterboden des Hauses beginnt bereits zu vermodern und ist an einigen Stellen von Termiten zerfressen.

Gerade hat es aufgehört zu regnen. Die Leute sprechen Thailändisch und Malaiisch, durchsetzt mit einigen Brocken Englisch. Eine ungefähr siebzigjährige Frau sagt, sie wisse überhaupt nichts über den Konflikt. Sie sitzt auf einer abgewetzten und zerschlissenen Bank. Hinter ihr sieht man die morschen und gleichermaßen von Termiten zerfressenen Stützpfähle des Hauses, wie sie so vor sich hinfaulen. Die Frau trägt eine Garnitur aus einer geschlossenen Bluse und einem Batikwickelrock. Ihr Kopf ist in einen weißen Schal gehüllt. Ihr Gesicht wirkt traurig. Vielleicht ist es aber auch ihr alltäglicher Gesichtsausdruck und hat nichts mit ihrem augenblicklichen Befinden zu tun.

Ihr Sohn, der Aek genannt wird, ist Fahrer an der Universität Walailak in der Provinz Nakhon Si Thammarat, die vier Stunden von Patani entfernt liegt. Aek liebt es zu scherzen, hat aber auch eine sensible Seite. Während der gesamten Fahrt hierher spielte er malaiische Lieder voll Herzschmerz und Sehnsucht.

Außer Aeks Mutter sprechen auch seine ältere Schwester und seine Nichten und Neffen mit uns. »2003 hat jemand eine Granate auf das Rathaus geworfen. Es gab aber keine nennenswerten Schäden«, erzählt einer der Neffen, kann aber nicht mit Gewissheit sagen, wer dahinter steckte. »Niemand von hier«, sagt er auf Malaiisch. Die Angst steht dem Zwanzigjährigen ins Gesicht geschrieben, während er erzählt. Anschließend schüttelt er jedes Mal den Kopf, wenn er zur Situation in Patani gefragt wird. Aeks ältere Schwester serviert hellgrüne Limonade in Gläsern. Sie trägt die traditionelle Kleidung malaiischer Frauen in dieser Gegend: einen Schleier, einen langen Rock und eine geschlossene Bluse.

Die meisten Einwohner Patanis sind wie die Familie von Aek muslimische Malaien, die auch Malaiisch sprechen. Die thailändische Regierung hat versucht, die malaiische Identität durch Zwangsmaßnahmen zu verbieten und damit einen Konflikt geschaffen, der bis heute nicht gelöst ist. Die Mehrheit der thailändischen Bevölkerung bilden ethnische Thais die mehrheitlich Buddhisten sind.

Unsere Gruppe besteht aus fünf Leuten. Peng und Bancha, zwei Studenten der Universität Walailak, Tat beziehungsweise Tassana, ein Student der Thammasat-Universität, Rheinhardt Sirait, der an der Universität Walailak unterrichtet, und ich. Rheinhardt hat meine Reise in den Süden ermöglicht. Die Studenten begleiten uns. Peng besucht wiederum gleichzeitig ihr Heimatdorf. Ihre Eltern leben in Patani. Bancha möchte mir Freunde von sich vorstellen, die bereit sind, sich zum Konflikt interviewen zu lassen. Tat hat an einem Seminar an der Universität Walailak zum Thema der thailändisch-indonesischen Beziehungen teilgenommen, das gestern, am Nachmittag des 25. November 2010, zu Ende gegangen ist.

Am Ende eines kleinen Weges, kurz bevor das Auto in die nasse Hauptstraße einbiegt, sehe ich einen Soldaten in grüner Tarnuniform mit einem Maschinengewehr des Typs M 16 stehen. Auf der gegenüberliegenden Straßenseite überwachen zwei seiner Kameraden den Straßenverkehr in einer Kurve. Überall sind Soldaten, sowohl im Stadtzentrum als auch am Stadtrand.

Vor dem Einkaufszentrum, das an der Straße liegt, die in den Rusamile-Markt führt, stehen zwei weitere Soldaten, auch mit M 16 bewehrt. Sie tragen schusssichere Westen. Gegenüber dem Einkaufszentrum steht ein Pickup voller Soldaten am Straßenrand. Währenddessen herrscht auf dem Markt wirres Gedränge. Der dichte Verkehr dröhnt.

In Patani, Yala und Narathiwat, den drei südlichen Provinzen Thailands herrscht militärischer Ausnahmezustand. »Während der Herrschaft von General Prem war der Süden relativ ruhig. Prem stammte selbst aus Patani und hatte gute Beziehungen zum thailändischen Königshaus«, erzählt Rheinhardt, der in der Studentenbewegung gegen die Regierung Suharto in Indonesien aktiv war. Prem Tinsulanonda war von 1980 bis 1988 thailändischer Premierminister. Während seiner Amtszeit kam es zum Aufblühen der malaiischen Kultur in Patani. Er sicherte Religionsfreiheit zu, verbesserte die Lebensbedingungen der Menschen und amnestierte diejenigen, die in die Widerstandsbewegung gegen die Regierung involviert gewesen waren.

Die Ursachen des Konfliktes gehen weit in die Geschichte zurück. Im 18. Jahrhundert unterwarf das buddhistische Königreich Siam das malaiische Sultanat Patani. Die heutigen drei südlichen Provinzen Thailands umfassen das ehemalige Sultanat und sind die Basis der heutigen Bewegung, die für ein unabhängiges Patani kämpft.

Seit der Unterwerfung Patanis hat es vergleichsweise wenig Widerstand gegeben. Dies änderte sich mit einer Entscheidung des damaligen Premierministers Plaek Phibunsongkhram im Jahre 1938. Der Heidelberger Politikprofessor Aurel Croissant schreibt in seinem Aufsatz »Muslim Insurgency, Political Violence, and Democracy in Thailand«, dass Phibun fest entschlossen war, eine Assimilierungspolitik voranzutreiben, die darauf hinauslaufen sollte, ein ethnisch homogenes Thailand zu schaffen. Die Regierung unter Phibun war bestrebt, die malaiische Identität Patanis in allen Bereichen – Sprache, Kleidung, Erziehung und Religion – im Namen des thailändischen Nationalismus »auszumerzen«.

Die alltägliche Unterdrückung führte letztlich zu Widerstand. Die malaiische Vereinigung für ein Großpatani (*Gabungan Melayu Patani Raya*) wurde 1947 gegründet, gefolgt von der Nationalen Patani-Befreiungsfront (*Barisan Nasional Pembebasan Patani*) im Jahr 1959. Die Kämpfe zwischen Widerstandsaktivisten und dem Sicherheitsapparat dauerten mehr als 20 Jahre an, bis Prem an die Macht gelangte.

Die Nachfolger Prems, zivile wie militärische, waren jedoch weit weniger erfolgreich als er. Es entstanden in der Folge verschiedene neue Widerstandsorganisationen wie etwa die Bewegung der islamischen Gotteskrieger Patanis (*Gerakan Mujahiddin Islam Patani*), gegründet von Veteranen des Afghanistankrieges in den 1980er Jahren, die enge Kontakte zu der Vereinigung der Gotteskrieger Malaysias (*Kumpulan Mujahiddin Malaysia*) pflegten. Darüber hinaus wurde die Patani-Befreiungsfront (*Barisan Kemerdekaan Patani*) als Dachorganisation für säkulare und religiöse Widerstandsgruppierungen gegründet.

Von den wechselnden Premierministern und wiederholten militärischen Staatsstreichen blieb die thailändische Monarchie unter der Führung des Königs Bhumibol Adulyadej unberührt. Der König unterstützte jede Regierung, ganz gleich welcher Couleur auch immer.

Rheinhardt erzählt, dass sich die Situation im Süden während der Regierungszeit von Premierminister Thaksin verschärft habe. Zu Beginn seiner Amtszeit im Jahr 2001 unterstützte die Regierung Thaksin den Propagandafeldzug des Krieges gegen den Terror, mit dem die US-Regierung nach den Anschlägen auf das World Trade Center begonnen hatte. Die Repressionen im Süden wurden in diesem Zuge weiter verschärft, da die Widerstandskämpfer mit Al-Qaida und der *Jemaah Islamiyah* in Verbindung gebracht wurden. Dennoch gelang es in verschiedenen von der Regierung initiierten Schauprozessen nicht, lokalen Widerstandsbewegungen eine Verbindung zu militanten islamischen Netzwerken nachzuweisen.

Im April 2004 starben 108 Widerstandskämpfer und fünf Angehörige der thailändischen Sicherheitsbehörden bei einer bewaffneten Auseinandersetzung. Im Oktober desselben Jahres verhaftete das Militär Protestierende in Tak Bai. Dabei starben 80 Menschen in einem LKW, in dem sie wie Reissäcke aufeinandergestapelt worden waren. Ein weiterer blutiger Vorfall ereignete sich in der Moschee Krue Se, die vom Militär angegriffen wurde, um islamistische Widerstandskämpfer zu verhaften, von denen man glaubte, dass sie sich in der Moschee versteckt hielten. 32 Menschen, die in der Moschee gebetet hatten, mussten bei diesem willkürlichen Angriff des Militärs ihr Leben lassen.

Prediger werden verdächtigt und getötet. Unterstützer des Militärs verüben Gewalttaten. Anderseits werden die islamischen Religionsschulen durch militante Widerstandskämpfer als Rekrutierungsstätten genutzt.

Neben der politischen Bewegung ist der Süden Thailands auch für seinen illegalen Waffen- und Drogenhandel bekannt. Die weit verbreitete Korruption innerhalb der Verwaltung und die schwache Rechtsstaatlichkeit lassen den Schwarzmarkt vortrefflich gedeihen. Hier haben auch die Kämpfer der Bewegung Freies Aceh früher ihre Waffen gekauft. »Die Regierung ist schnell mit Gründen für die Verfolgung Krimineller bei der Hand, aber sie verfolgt eigentlich ein ganz anderes Ziel«, erzählt Rheinhardt.

Bancha fordert uns plötzlich auf, einen seiner Freunde zu treffen, der mit uns über Musik sprechen möchte. Musik? Plötzlich hatte Bancha keine Freunde mehr, die ich zum Konflikt hätte interviewen können. Hä? Dann gibt er zu bedenken, dass unsere Fahrt nach Narathiwat sehr gefährlich werden würde. Seine Angst ist auf einmal allgegenwärtig. Also wende ich mich an Aek, der als Mensch aus dem Süden die Situation sicher besser einschätzen kann: »Kein Problem. Wir fahren weiter«, erklärt er mir.

Narathiwat ist eine ruhige Stadt. Vor meinem inneren Auge hatte ich mir vorgestellt, dass sie genauso vernachlässigt sein würde, wie früher die Regionen in Indonesien, die die Partei Golkar während der Suharto-Zeit nicht unterstützt hatten. Augenscheinlich ist das hier nicht der Fall. Der Zustand der Straße ist sehr gut, keine Schlaglöcher weit und breit. Die Luft ist sauber und die Stadt macht einen hübschen Eindruck. Narathiwat beherbergt einen Palast zur Erholung für das Königspaar. Jedes Jahr verbringt Königin Sirikit hier einige Wochen. Die Straße zum Strand Naratas ist von Kasuarinenbäumen gesäumt. Auch am Strand gedeihen die Bäume prächtig. In den dicht aneinandergereihten und zum Strand hin ausgerichteten Imbissbuden wird Meeresküche wie gegrillter Fisch und frittierte Calamari angeboten. Ich sehe eine Gruppe Jugendlicher, Jungen und Mädchen, die auf der Ladefläche eines Pickups sitzen und einen geeigneten Platz zum Aussteigen suchen. Es sind Ausflügler. Einige der Leute mustern uns zwar, aber alles scheint, als gebe es an diesem Ort nichts Gefährliches.

Jiwarat Saengthong, ein Freund von Rheinhardt, der auch an der Universität Walailak unterrichtet, hat mir einige Schriften zum bewaffneten Widerstand im Süden Thailands gegeben, darunter auch Arbeiten von Duncan McCargo, einem Professor für Politik Südostasiens an der Universität Leeds in England. Laut Lek, wie er genannt wird, gibt es verschiedene Ursachen für den Konflikt – historische, religiöse, wirtschaftliche, aber auch Dynamiken innerhalb der Widerstandsbewegung selbst und unterschiedliche Entscheidungen der Regierung im Laufe der Zeit.

In dem Aufsatz »Network Monarchy and Legitimacy Crises«, der im Dezember 2005 im Journal *Pacific Review* erschien, erzählt Duncan McCargo eine interessante Geschichte im Zusammenhang mit der Tatsache, dass in Thailands Süden im Jahr zuvor 500 Menschen aufgrund einer Entscheidung von Thaksin getötet worden waren.

Am 28. Februar 2005 forderte der ehemalige Premierminister Prem in einer Rede in Bangkok den amtierenden Premier Thaksin dazu auf, den Rat des Königs zu suchen und sich persönlich für ein Ende der Krise im Süden einzusetzen. McCargo wertete diesen Schritt als einen Beleg für die Existenz eines königlichen Netzwerkes, zu dem Thaksin offensichtlich nicht gehörte, sodass dieser aus Sicht des Königs auch nicht mehr gebraucht wurde.

Vier Monate zuvor, am 13. Oktober 2004, waren zwei Angestellte des Königshauses in Narathiwat ermordet worden, während sie Obst für Königin Sirikit kauften. McCargo zitiert dazu die chinesische Nachrichtenagentur Xinhua, die berichtete, dass die Königin nach dem Anschlag im Chitralada-Palast vor eintausend Menschen davon sprach, dass Muslime, die ihr immer fremd geblieben seien, viele Regierungsbeamte und Bürger brutal ermordet hätten. Die Königin rief die 300.000 Thaibuddhisten in der Region dazu auf, sich nicht vertreiben zu lassen, und sagte, die Thais müssten sich selbst verteidigen und das Schießen erlernen. Die Königin kündigte an, sie selbst wolle mit ihren 72 Jahren noch das Schießen ohne Brille lernen. Letztlich wurde die Regierung Thaksin durch einen militärischen Staatstreich gestürzt, den der König unterstützt hatte.

Inmitten eines der Lieder, die Aek im Auto abspielt, scherzt er plötzlich: »Wollen wir nicht einfach nach Sungai Kolok und von dort weiter nach Malaysia fahren?« Die Stadt liegt direkt an der Grenze zwischen der Provinz Narathiwat und Malaysia. Im Januar 2011 explodierte eine Bombe auf einem Markt in Patani, die einen buddhistischen Priester und einen Beamten verwundete. Der Name des Marktes wurde in der Zeitung nicht erwähnt. Könnte es Rusamile gewesen sein oder doch ein anderer? Im März erbeuteten Aufständische in Narathiwat dutzende Waffen des thailändischen Sicherheitsapparates, und der militärische Ausnahmezustand in Südthailand wurde verlängert.

Einheit in Zersplitterung

Nachdem ich in der Gegend Permatang Batu Maung in einem Restaurant, das bei Malaien, Indern und Chinesen gleichermaßen populär ist, gegessen habe, schaue ich mir die Stadt George Town an. Ein Kochtopf Barschkopfcurry, eine große Schüssel Tom-Yam-Suppe mit Garnelen, ein großes Omelett und kurz angebratener und gekochter Kohl (*sawi*) werden mich wohl erst morgen früh wieder hungrig sein lassen. Die Insel Penang in Malaysia ist wahrlich ein kulinarisches Paradies.

Nicht lange und das Taxi hält vor einer großen Werbetafel mit der Aufschrift »Ein Malaysia«. Die Ampel springt auf Gelb. Der Slogan auf der Werbetafel wurde von Malaysias Premierminister Najib Tun Razak kreiert. »Der Slogan ist gut, aber schwer zu erreichen. In Malaysia gibt es Malaien, Chinesen und Inder. Aber die Chinesen müssen zum Islam konvertieren, wenn sie Malaien heiraten wollen. Wie kann das Volk wirklich vereint sein, wenn die ethnische Zugehörigkeit und die Religion so dominant sind? Wenn es wirklich frei zuginge, könnten die Menschen unabhängig von diesen Kategorien Verbindungen eingehen und das ›Ein Malaysia‹ wäre Wirklichkeit«, sagt A Bong, der Fahrer des Taxis, das ich gemietet habe. Ethnische und religiöse Politik spielen eine große Rolle in Malaysia.

»Nur ein Beispiel: Die *bumiputera* – ethnische Malaien – erhalten einen fünfprozentigen Rabatt, wenn sie ein Haus kaufen, Inder und Chinesen jedoch nicht. Selbst wenn sie zum Islam konvertieren, wird ihnen dieses Privileg verwehrt«, erzählt er weiter. Er selbst ist ethnischer Chinese und Buddhist. Wenn ein Chinese oder eine Chinesin durch Heirat zum Islam konvertiert und der Ehepartner zum Zeitpunkt seines oder ihres Todes nicht mehr lebt beziehungsweise geschieden ist, darf die chinesische Familie den Leichnam nicht bestatten«, erklärt mir A Bong.

Diese Diskriminierung wird vom selben Staat vorgenommen, der seine Staatsbürger zur »Einheit« zwingt. Die Menschen Malaysias wagen es indes kaum, die Entscheidungen der Regierung oder des Königshauses offen zu kritisieren. »Wir können sieben Tage lang, ohne einen Rechtsanwalt hinzuziehen zu dürfen, verhört werden. Wenn sie dann noch nicht zufrieden sind, kriegen sie dich mit dem *Internal Security Act* (ISA). Auf dessen Grundlage können sie dich zwischen sechs Monaten und zwei Jahren ohne Prozess festhalten«, erzählt Rajiv, der auch Taxifahrer ist. Gestern hat er mich nach Little India gefahren, wo ich einige Bahnen Stoff für mein Bett gekauft habe. Little India ist das Wohn- und Geschäftsviertel der indischstämmigen Bevölkerung. Der *Internal Security Act* wurde erlassen, um Kommunisten, Terroristen und Menschen, die als gefährlich für die Landessicherheit eingestuft werden, zu bekämpfen. Die Kriterien seiner Anwendung werden einzig und allein von der Regierung festgelegt.

Rajiv ist der Ansicht, dass es seit dem Fall von Suharto um die Meinungsfreiheit in Indonesien wesentlich besser bestellt sei als in Malaysia. Dies gilt in jedem Fall für die Anfangsphase der *reformasi*. Derzeit ist es aber auch in Indonesien so, dass diese Freiräume immer weiter beschnitten werden. So hat der indonesische Minister für Kommunikation und Information, Tifatul Sembiring, das Gesetz Nummer 11/2008 zu Informationen und elektronischen Transaktionen auf den Weg gebracht, das zum Ziel hat, die Meinungs- und Informationsfreiheit zu überwachen und letztlich in Ketten zu legen. Das Gesetz verbietet es unter anderem den Medien, »unzüchtige« Schriften, Bilder oder Sendungen zu verbreiten. Der Minister verschickte auf der Grundlage dieses Gesetzes ein Rundschreiben an Unternehmen, die Internetdienstleistungen anbieten, das sie verpflichtet, Internetseiten, die »unzüchtige« Inhalte verbreiten auf Grundlage eines Kriterienkatalogs des Ministeriums zu blockieren. Dies hatte zur Folge, dass zwei der wichtigsten Nachrichtenportale Indonesiens, *Kompas* und *Detikcom*, einen ganzen Tag lang nicht abgerufen werden konnten. Wenn diese Internetseiten eines nicht tun, dann ist es, gezielt »unzüchtige« Inhalte zu verbreiten. Moralische Positionen, wie etwa antipornografische, werden in diesem Prozess letztlich nur vorgeschoben, um eine klare politische Strategie zu kaschieren: Medienzensur und die Einschränkung der Meinungsfreiheit. Nach der Suharto-Zeit schossen in Indonesien Nachrichtenportale und private Blogs wie Pilze aus dem Boden, was diejenigen in Angst und Schrecken versetzte, die meinten, die Wahrheit für sich gepachtet zu haben. Der Grund dafür ist denkbar einfach: Über diese Kanäle können Menschen offen ihre Meinung sagen und frei kritisieren, was immer sie wollen.

Rassistische Ressentiments, wie wir sie heute in Indonesien erleben, sind übrigens eine direkte Folge der Regierungspolitik unter Suharto. Während er an der Macht war, verfolgte er ein schonungsloses Programm der Javanisierung. Javaner dominierten den indonesischen Regierungsapparat, sowohl im zivilen als auch im militärischen Bereich. Hinzu kam ein Zentralismus, der dazu führte, dass die Insel Java, auf der sich letztlich alle Macht konzentrierte, zum Synonym für Indonesien wurde. Die Kultur Indonesiens wurde mit javanischer Kultur gleichgesetzt. Andererseits tabuisierte Suharto im Namen der Einheit und Einigkeit Indonesiens alles, was im Zusammenhang mit ethnischen, religiösen oder gar rassischen Fragen stand. Auch die Beziehungen zwischen den einzelnen gesellschaftlichen Gruppierungen Indonesiens durften nicht thematisiert werden. Dieses Tabu wurde unter dem Akronym SARA, das für *suku* (Ethnie), *agama* (Religion), *ras* (Rasse) und *antar golongan* (Gruppenbeziehungen) steht. Den Medien waren Berichterstattungen verboten, die diesbezügliche Ressentiments hätten schüren können. Im Endeffekt fungierte SARA als effektives Unterdrückungsinstrument der freien Meinungsäußerung. Dies wurde am Ende der Suharto-Zeit besonders deutlich, als anti-chinesische Berichterstattung dem Regime mehr als gelegen kam, um die Massen von der wachsenden Widerstandsbewegung gegen das System abzulenken.

Für die korrupte Suharto-Regierung erfüllte der Reichtum an natürlichen Rohstoffen der Regionen außerhalb Javas einzig und allein den Zweck, ihr und denen, die sie protegierte (*Chronies*), zu dienen. Diese Haltung verursachte Aufstände und Proteste in Regionen wie Aceh und Papua. Dennoch bestand die Antwort der Regierung auf den Protest der Bevölkerung gegen diese Ungerechtigkeiten aus Festnahmen, Inhaftierungen und der Beseitigung unliebsamer Kritiker. Eine Reaktion auf diese Politik seitens der betroffenen Bevölkerungen war der Rückzug auf ihre ethnischen Identitäten oder andere Kategorien, um diese Politik auf SARA-Weise zu bekämpfen. In Aceh entwickelten sich beispielsweise nicht nur antijavanische Einstellungen, die Java als Machtzentrum kritisierten, sondern auch rassistische Ressentiments gegen die javanische Ethnie, die mit Transmigranten und Soldaten, welche nach Aceh kamen, gleichgesetzt wurde. In Riau wiederum bildete sich eine malaiische Volksbewegung, und auf Kalimantan bekriegten die Dayak Migranten von der Insel Madura, weil sie als aggressiv wahrgenommen wurden. Gleichzeitig häufen sich heutzutage Übergriffe auf religiöse Minderheiten im Namen der Verteidigung des (mehrheitlich muslimischen) Indonesien. In Bekasi bei Jakarta gründete sich etwa eine Gruppierung gegen christliche Missionierung, die die Kirche einer protestantischen Batak-Gemeinde aus Nordsumatra zerstörte, obwohl diese seit Generationen dort ansässig ist. Zu Beginn des Jahres 2006 protestierte auch in Aceh eine islamische Massenorganisation im Stadtzentrum von Banda Aceh gegen christliche Missionierung. Die Demonstranten forderten die Ausweisung christlicher Hilfsorganisationen aus dem Ausland, weil sie vermuteten, dass die muslimische Bevölkerung aufgrund ihrer Anwesenheit vom Glauben abfallen könnte.

Auch die Medien beteiligen sich daran, interreligiöse Feindschaften zu schüren. Eine Lokalzeitung in Aceh feiert etwa jede Konversion zum Islam als ein freudiges Ereignis und berichtet gleichzeitig über die Schrecken der Christianisierung. Vor nicht allzu langer Zeit wurde eine solche Meldung mit dem Bild einer Frau mit Schleier geschmückt, die als Beweis der christlichen Missionsarbeit in Aceh ein Altes und ein Neues Testament in Händen hielt. Lächerlicherweise wurde die Identität des Mannes, von dem die Frau die beiden heiligen Bücher erhalten haben soll, nie ermittelt, da er angeblich nach Medan, der Hauptstadt Nordsumatras, die mehrheitlich von christlichen Batak und anderen Christen bewohnt wird, geflüchtet war. Die Meldung wurde kurz vor der Zerstörung der Kirche in Bekasi veröffentlicht. Es scheint fast, als würden die Aktionen im Zentrum mit denen in der Peripherie Indonesiens in Zusammenhang stehen.

Anders als Malaysia ist Indonesien kein islamisches Land. Die Verfassung Indonesiens garantiert jedem Menschen die freie Religionswahl und -ausübung. Insgesamt werden sechs Religionen anerkannt: der Islam, der Protestantismus, der Katholizismus, der Buddhismus, der Hinduismus und der Konfuzianismus. Allerdings sollte man sich hüten, keine Religion zu haben. Atheismus wird mit Kommunismus in Verbindung gebracht – eine Ideologie, die bis zum heutigen Tage in Indonesien verboten ist. Im Jahre 1965 tötete das Militär mit Hilfe der islamischen Massenorganisationen zwischen 500.000 und drei Millionen Kommunisten und solche, die des Kommunismus beschuldigt oder verdächtigt wurden. Nach der Vernichtung der Juden in Nazideutschland war dies eine der größten gezielten Massenvernichtungen in der Menschheitsgeschichte. Auch für Hitler waren Kommunisten Ziele seiner Vernichtungspolitik gewesen.

Früher war Rajiv wie ich Journalist. »In Malaysia ist Journalist zu sein nicht besonders prestigeträchtig. Die großen Mainstream-Zeitungen gehören allesamt Parteien, das heißt, sie alle verfolgen gezielte Eigeninteressen. Letztlich entschied ich mich, Taxifahrer zu werden«, erzählt er auf Englisch. Als ich aussteige, um in den Stoffladen zu gehen, sagt er noch lachend: »Ich bin ein Journalist, der aufgegeben hat.« Ich falle in sein Lachen ein und denke bei mir, wie bitter das eigentlich ist.

Dennoch regt sich auch immer Widerstand. Am 3. Oktober 2010 berichtete die englischsprachige malaysische Tageszeitung *The Star* über Datuk Seri Nazri Aziz, der sich als Vorreiter gegen Rassismus in Malaysia einsetzt. Für Nazri steht seine Identität als Malaysier an erster Stelle. Seine ethnische Identität als Malaie ist für ihn zweitrangig. Dennoch geht er mit seinen Äußerungen als ethnischer Malaie ein geringeres Risiko ein als ethnische Chinesen oder Tamilen, wenn diese sich gegen Diskriminierung wehren. Der Slogan »Ein Malaysia« kann letztlich nur verwirklicht werden und zu Gerechtigkeit zwischen den Ethnien Malaysias führen, wenn alle sogenannten »Söhne der Erde« (*bumiputera*), also ethnische Malaien, dem Beispiel von Nazri folgen würden. Tags darauf erschien in derselben Zeitung ein Leserbrief von Mohan Nerjoo aus der Stadt Johor, der sich auf das Interview mit Nazri bezog. Der Verfasser bezeichnete Rassismus als Krebsgeschwür, das langsam aber sicher alle töten wird, die daran erkrankt sind. Er bezeichnete Nazri als Helden.

Wie aber sieht es in Indonesien aus? Viele haben gegen die Zerstörung der Kirche und die Vertreibung der Batak in Bekasi protestiert. Dennoch wollen sich diejenigen, die dieses Vorgehen befürworten, nicht geschlagen geben. Sie haben ihre eigenen Gründe für diese Haltung und argumentieren, dass der Bau der Kirche nicht rechtens gewesen sei. Im September 2010 erreichte der Konflikt seinen vorläufigen Höhepunkt, als mehrere Angreifer den Pfarrer der Gemeinde mit Messern attackierten. Ein Oberhaupt der Kirche, das sich nicht an die Verwaltungsvorgaben hält, und eine Lokalverwaltung, die zu schwerfällig ist, um auf den Bauantrag für die Kirche zu reagieren, stehen zwar stellvertretend für das administrative Chaos in Indonesien, das jeden Tag tausende ähnlicher Fälle verursacht. Aber einen Menschen mit einem Messer zu verletzen und bewusst das Risiko seines Todes in Kauf zu nehmen, ist eine eindeutig kriminelle Handlung, deren Täter rechtlich belangt werden müssen. Diese Aktionen straffrei ausgehen zu lassen, bedeutet nichts anderes, als dem Bösen bewusst Vorschub zu leisten.

»Indonesien und Malaysia sollten von Singapur lernen, das seiner gesamten Bevölkerung ungeachtet ihrer ethnischen und religiösen Hintergründe gleiche Wohlfahrt und Ausbildung ermöglicht.

Es ist absolut nicht notwendig, diese von religiösen oder ethnischen Zugehörigkeiten abhängig zu machen. Wenn wir es auch so machen würden, hätten wir nicht so viele Probleme,« sagt A Bong während er losfährt und den Wagen in den Strom des Abendverkehrs lenkt.

Im Grunde lässt sich das Miniaturland Singapur nicht mit Malaysia und noch weniger mit dem unendlich großen und komplexen Indonesien vergleichen. Zudem ist Singapur alles andere als demokratisch. Ähnlich wie Indonesien unter Suharto wird Singapur durch die Familie von Lee Kuan Yew und ihren Unterstützern regiert. Nach 31 Jahren als Premierminister hatte Lee Kuan Yew die Regierungsgeschäfte an Goh Chok Tong übergeben, der diese seinerseits im Jahre 2004 an den Sohn von Lee Kuan Yew, Lee Hsien Loong, übergab. Es gibt keine Wahlen und keine Opposition. Diese Realitäten machen die Essenz dessen, was A Bong sagte, jedoch nicht weniger wahr: Politik, die entlang ethnischer und religiöser Grenzen betrieben wird, führt unweigerlich zur Spaltung einer Nation.

Jahr Null in Kambodscha

Die rote Erde hat sich in Schlamm verwandelt, auf den man Bretter gelegt hat, um den Passanten ein Fortkommen zu ermöglichen. Währenddessen schüttet es wie aus Kübeln durch die Bäume, deren Blätter den Regen schon längst nicht mehr aufhalten können. Die Luft ist kühl.

Am Ende der Zufahrtsstraße, die diesen Wald teilt, sehe ich einen tausendjährigen *Spung*-Baum über einem schwarzen und bemoosten Thron. Die Wurzeln des Riesen züngeln sich entlang des darunterliegenden Tempels und umklammern ihn wie die Finger eines Unholdes namens Vergangenheit, der die Erinnerungen der Kambodschaner fest im Griff hält und nicht vorhat, sie loszulassen. Neben den Tempeln schuften einige Tagelöhner inmitten der Ruinen. Das Geräusch einer Maschine klingt wie ein Schrei, lang und hoch. Dann wird es still, bevor sie in einer Endlosschleife erneut ansetzt und wieder aufhört. Es handelt sich um Restaurationsarbeiten an Ta Phrom, einem der Tempelkomplexe in Angkor Wat.

An der Straße, die aus Ta Phrom hinausführt, spielen einige Männer auf traditionellen Khmerinstrumenten. Sie musizieren in einer kleinen Hütte am rechten Straßenrand. Ihre Beine sind amputiert. Unweit von Angkor Wat liegt ein Dorf namens Phum Chon Pika – das Dorf der Behinderten. Vielleicht stammen sie von dort. In Phum Chon Pika gibt es in jeder Familie mindestens einen Angehörigen, der Opfer einer Landmine geworden ist. Diese Landminen wurden allerdings nicht nur von den Roten Khmer installiert, sondern auch durch die Armee Nordvietnams während des zweiten

Vietnamkrieges gegen die USA, um ihre strategischen Versorgungswege zu sichern. Von den geschätzten zwölf Millionen Landminen, die über ganz Kambodscha verstreut sind, wurden erst circa drei Prozent entschärft.

Neben der Gruppe hängt ein Plakat, auf dem steht, dass es sich hier nicht um Bettler, sondern um Musiker handelt. Ungefähr 15 Meter von der Musikerhütte entfernt stehen Jungen und Mädchen in einer Reihe und singen ein Lied auf Khmer. Zwischen den Strophen fordern sie immer wieder in nicht ganz einwandfreiem Englisch »give money!«. Die Kinder sind zwischen sechs und acht Jahren alt und bitten die Touristen mit ihrer »versteckten« Botschaft um Geld.

Sukry war gerade sieben Jahre alt, als die Khmer in seinem Land die Macht übernahmen. »Ich kann mich noch an alles, was geschehen ist, erinnern und werde es nie vergessen«, erzählt er mir auf Englisch, während er wartet, bis ich meine Fotos gemacht habe.

Sukry ist um die dreißig, seine Haare sind zum Teil bereits ausgefallen. Entsprechend hoch erscheint seine Stirn. Seine Augen sind schlitzförmig. Wenn er lacht, blitzen gerade Zahnreihen auf, die seine dunkle Haut kontrastieren. Das blaue Hemd, das er trägt, ist ausgeblichen. Die Ärmel hat er bis zu den Ellenbogen hochgekrempelt. Als er mit dem Rücken zu mir steht, sehe ich die vielen kleinen Löcher in seinem alten Hemd.

Die Einheiten der Roten Khmer kamen meistens nachts in die Dörfer und schossen auf die Häuser der Bewohner. Sukry musste sich mit seinen Eltern und Geschwistern dichtgedrängt in einem Schutzloch verstecken, das sie in den Fußboden ihres Hauses selbst gegraben hatten. Am Tage wurde die Existenz des Loches unter allerlei Sachen oder Bekleidung verborgen. Etwas anderes außer der Angst, an das sich Sukry aus seiner Kindheit erinnert, ist der Kerzenschein der Öllampe, bevor die Elektrizität sein Dorf erreichte. Als Brennstoff verwendeten die Leute Fischöl, in das sie ein Stück Stoff tauchten, das als Docht diente.

»Anfangs waren die Roten Khmer nicht brutal. Sie kämpften gegen General Lon Nol, der eine von den USA unterstützte Marionettenregierung anführte. Zunächst haben die Roten Khmer für das Volk Kambodschas gekämpft. Nachdem beide Seiten auf den Appell von König Sihanouk hin einen Friedensvertrag geschlossen hatten, wurde klar, dass die Roten Khmer ihr Einverständnis nur vorgetäuscht hatten, denn sie begannen alles und jeden zu vernichten. Vor der Herrschaft der Roten Khmer ging es meinem Land besser als heute. Es gab Gummiplantagen, auf denen die Menschen arbeiten konnten«, erinnert er sich. Die Plantagen waren Überbleibsel der französischen Kolonialherrschaft.

Die Eltern von Sukry leben heute in einem Dorf nahe der kambodschanischen Hauptstadt Phnom Penh. Sein Vater ist nach wie vor durch seine Erfahrungen aus der Zeit der Roten Khmer traumatisiert. »Das Problem zwischen Kambodscha und Thailand, also die Grenzstreitigkeit, macht meinen Vater ganz verrückt«, erzählt Sukry weiter. Sein Vater möchte nicht noch einen Krieg erleben. Siem Reap, die Stadt, die ich besuche, war durch das frühere Königreich Siam (heute Thailand) unterworfen worden. Das Verhältnis zwischen der kambodschanischen und der thailändischen Regierung ist derzeit getrübt. Besonders prominent geht es dabei um den Streit über die Besitzrechte an dem hinduistischen Tempel Preah Vihear. Und dies, obwohl der Internationale Gerichtshof der Vereinten Nationen im Jahr 1962 diesen eindeutig Kambodscha zugesprochen hat. Thailand kümmert das jedoch wenig.

Als ich Sukry frage, was er für den Grund für die Massenmorde der Roten Khmer hält, antwortet er: »Die Roten Khmer mochten keine klugen Menschen. Selbst Lehrer haben sie umgebracht.« Die Ironie besteht darin, dass die Führung der Roten Khmer aus Intellektuellen bestand. Pol Pot, Khieu Samphan und Ieng Sary haben allesamt Hochschulabschlüsse in Frankreich erworben. Der spätere Präsident Kambodschas, Khieu Samphan, hatte sogar in Wirtschaft und Politik promoviert.

Sukry arbeitet bereits seit vier Jahren als *Tuktuk*-Fahrer, um seine Familie zu ernähren. Zuvor hatte er gemeinsam mit einem Freund ein Bekleidungsgeschäft betrieben. Als er den Lebensunterhalt der Familie davon nicht mehr bestreiten konnte, entschloss er sich, das

Steuer herumzureißen und ein *Tuktuk* zu fahren. »Nicht mehr lange und ich werde Vater sein«, sagt er mit strahlenden Augen. Ende des Monats wird er seiner Frau nach Phnom Penh folgen, um bei der Geburt ihres Kindes dabei zu sein. Sukry ist Muslim. Seine Mutter, eine Thai, war ursprünglich Buddhistin und konvertierte zum Islam, als sie seinen Vater, einen Cham, heiratete. Aus diesem Grund hat Sukry auch zwei Namen. Sein kambodschanischer Name ist Shopeak, was, wie er mir lächelnd erklärt, so viel bedeutet wie Glück haben. Der Name Sukry wiederum stammt aus dem Arabischen und bedeutet Dankeschön.

Am 8. Oktober 2009 mache ich mich auf den Weg in das Dorf Bakong, das eine vierzigminütige Reise mit dem *Tuktuk* von Siem Reap entfernt liegt. Von diesem Dorf fährt ein Motorboot zum See Ton Le Sap. An dem Fluss, der zum See führt, liegt das Dorf Pluk. Die Häuser in Pluk sind auf Stelzen gebaut, die in das Wasser reichen. Hier leben insgesamt 3.065 Menschen in 565 Familien. Die offenstehenden Türen der Wohnhäuser gewähren einen Einblick in das Leben der Fischerfamilien. Auf den Terrassen stehen Blumentöpfe und trocknen Kleider. Die Häuser sind schmucklos. Die Wände bestehen aus Brettern, Sumpfpalmenblättern oder einem Flickwerk verschiedener Plastikplanen.

In einem der Häuser sehe ich einen kleinen Jungen ausgestreckt auf dem Boden liegen. Sein »kleines Vögelchen« zeigt hinaus auf die Straße. Auf der Türschwelle sitzt ein Ehepaar, das schweigend den Verkehr betrachtet. Ein kleines Mädchen sitzt allein tagträumend auf der Treppe, während es mit seinen kleinen Füßen im Fluss planscht.

Vor einem der Häuser schwimmt ein kleiner Junge, der noch keine fünf Jahre alt ist, mit einem alten Autoreifen um den Oberkörper hin und her. In seiner Nähe sind keine Erwachsenen zu sehen. Von lautem Lachen begleitet demonstriert er seine Fähigkeit, mit beiden Händen paddelnd über das Wasser zu gleiten, als er bemerkt, dass einige Augenpaare vom Schiff auf ihn gerichtet sind. Eine mir völlig neue Schwimmtechnik. In einiger Entfernung sehe ich eine Schule, auf deren Veranda ein älteres Pärchen steht. Der mit einem Rucksack bewehrte Mann hält eine Kamera und ist gerade dabei, lauthals zu lachen. Seine Augenbrauen sind weiß wie Watte.

Als wir am Dorf Pluk vorbei sind, fährt das Boot in einen *Preikub*-Wald. Die grünen Blätter des *Preikub*-Baumes sind sehr dicht und reichen bis auf das Wasser. Wenn im Dorf Pluk jemand stirbt, wird sein Leichnam hierher gebracht. Die Körper der Toten werden zur letzten Ruhe unter die Wurzeln des *Preikub*-Baumes am Grunde des Flusses gelegt. Manchmal werden die Körper bis in den See Ton Le Sap gespült, der eine halbe Stunde entfernt liegt.

»Der Ton Le Sap ist von fünf Provinzen umgeben. Die Menschen, die an seinen Ufern leben, arbeiten als Fischer. Zu den Zeiten der Roten Khmer war das Fischen hier verboten. Das hatte zur Folge, dass es nach ihrer Herrschaft im See vor Fischen nur so wimmelte. Trotzdem sind einige Fischarten bereits ausgestorben«, sagt Sukry, der mich auf der Fahrt begleitet.

Der Fahrer unseres Motorbootes heißt Somnang. Er wurde während der Herrschaft der Roten Khmer geboren. Mit seinem dunklen Teint und seinen glatten Haaren ist er Sukry recht ähnlich. Er ist Khmer und gehört damit der größten Ethnie Kambodschas an. Unter seinen schwarzen Augenbrauen liegen schmale Augen. Sein quadratisches Gesicht erinnert an die Menschen im indonesischen Tapanuli in Nordsumatra.

»Aber auch fünf Jahre nachdem die Roten Khmer besiegt worden waren, war ihr Einfluss immer noch spürbar«, übersetzt mir Sukry, da Somnang nur Khmer spricht. Sukry ergänzt noch, dass die Roten Khmer drei Jahre, neun Monate und 22 Tage an der Macht waren. »Die Roten Khmer hassen Vietnam. Wenn sie einen Vietnamesen in einem Dorf entdeckten, töteten sie ihn sofort. Natürlich haben sie auch Kambodschaner getötet«, sagt Sukry. Die Roten Khmer töteten auch Angehörige der islamischen Minderheit der Cham. Jede Art von Religionsausübung – buddhistisch oder islamisch – war verboten.

Die Tragödie Kambodschas nahm ihren Anfang im Vietnamkrieg. Kambodscha war als Nachbarland Vietnams nicht direkt in diesen Krieg verwickelt. Die intensiven Attacken der Amerikaner trieben jedoch die Truppen des kommunistischen Vietnam immer weiter in das Landesinnere Kambodschas. Gleichzeitig bombardierten die Amerikaner die Grenze zu Kambodscha, um die Basen der vietnamesischen Kommunisten zu zerstören. Die USA traten in den Krieg zur Unterstützung Südvietnams ein und konnten Australien und Thailand als Alliierte gewinnen. Nordvietnam standen wiederum die Volksrepublik China und Russland zur Seite. Dieser Krieg um Einfluss und Territorium war letztlich ein ideologischer Krieg zwischen Kommunismus und Kapitalismus, der zwölf Jahre andauerte.

Kambodscha wurde letzten Endes in den Strudel des Krieges hineingezogen. Dies gipfelte in der Unterstützung der USA für General Lon Nol bei der Absetzung von Norodom Sihanouk, dem König Kambodschas, im Jahre 1970. Einige Gruppierungen betrachteten Sihanouk als Symbol für die Einheit des Landes. Er hatte Kambodscha regiert, seit er die Wahlen, die durch die Vereinten Nationen beobachtet worden waren, gewonnen hatte. Zuvor hatte Kambodscha fast 100 Jahre lang unter französischer Kolonialherrschaft gestanden. Während seiner Regierungszeit unterdrückte Sihanouk jedoch Kommunisten und andere politische Gegner aufs Grausamste. Nachdem er durch Lon Nol gestürzt worden war, suchte er den Schulterschluss mit den Kommunisten im Kampf gegen den neuen Machthaber. Die von Saloth Sar, besser bekannt als Pol Pot, angeführten Truppen der Roten Khmer besiegten am 1. April 1975 die Truppen von Lon Nol, der daraufhin in die USA flüchtete. Der Nächste auf Pol Pots Liste war Sihanouk selbst. Die Roten Khmer dachten gar nicht daran, ihre Macht in Kambodscha zu teilen. Hinzu kam ihre antimonarchistische Haltung. Pol Pot stellte Sihanouk kalt, indem er ihn im Königspalast in Phnom Penh inhaftieren ließ. Die dunklen Jahre Kambodschas konnten beginnen.

Ursprünglich waren die Roten Khmer der militärische Flügel der Kommunistischen Partei Kambodschas gewesen, verselbständigten sich jedoch und wurden letztlich zur dominierenden Fraktion. Das

Regime der Roten Khmer exekutierte selbst Führer der Kommunistischen Partei Kambodschas, die sie nicht auf ihrer Linie sahen, und weiteten ihre Vernichtungspolitik auch auf Intellektuelle und jeden aus, der der Unterstützung Lon Nols oder Spionage für den Westens bezichtigt wurde. Mit Beginn ihrer Herrschaft riefen die Roten Khmer das »Jahr Null« aus. Die Geschichte Kambodschas sollte gänzlich neu geschrieben werden.

Die Stadtbevölkerung wurde zur Abwanderung in die ländlichen Regionen gezwungen, um eine Agrarnation zu schaffen, und die Hauptstadt Phnom Penh wurde so zu einer Geisterstadt. Doch das war bei weitem nicht alles. In seinem Buch »Cambodia: Report from a Striken Land« berichtet Henry Kamm, dass während der Herrschaft der Roten Khmer Zeitungen, Bücher, Filme, Kassetten, Radio, Fernsehen, Musikinstrumente, Klimaanlagen, Schulen, religiöse Einrichtungen und moderne medizinische Versorgung verboten waren, weil sie als Fremdeinflüsse oder Bedrohung für den Kommunismus à la *Khmer Rouge* galten. Angesichts dieser Praktiken müssen die Roten Khmer als ein faschistisches Regime in Indochina gelten.

Der Krieg zwischen Vietnam und den USA endete mit dem Sieg des kommunistischen Vietnam im Jahre 1975. Das vormals in Nord- und Südvietnam gespaltene Land wurde wiedervereinigt. Kambodscha allerdings war zur Hölle auf Erden geworden. Im Jahr 1979 entschloss sich Vietnam schließlich zur Invasion Kambodschas und installierte eine Marionettenregierung unter Führung von Heng Samrin, einem ehemaligen Kader der Roten Khmer, der zuvor zur thailändischen Grenze geflüchtet war. China, das die Roten Khmer von Beginn an unterstützt hatte, griff daraufhin Vietnam an. Einzigartig an dieser Konstellation war, dass die USA begannen, die Roten Khmer finanziell zu unterstützen, da sie die Intervention Vietnams in Kambodscha nicht zu akzeptieren bereit waren.

Während der Herrschaft Pol Pots starben mehr als eine Million Menschen an Hunger und Folter oder wurden exekutiert. Die Spuren und Erinnerungen an diesen Krieg sind bis heute sichtbar. Die weichen Gesichtszüge Pol Pots scheinen seinen Taten diametral entgegenzustehen. Sein Spitzname ist bis heute »der Satan mit dem Mondgesicht«.

Als ich Sukry nach seiner Meinung über die derzeitige Regierung Kambodschas frage, hellt sich sein Gesicht auf. Er unterstützt den Premierminister Hun Sen, der seiner Meinung nach die Probleme der Armen versteht. »Auch er hatte es anfangs schwer, brachte es aber von einem buddhistischen Klosterschüler zu einem einflussreichen Mann«, erzählt Sukry. Fakt ist nichtsdestotrotz, dass in der kambodschanischen Verwaltung die Korruption grassiert und die Bevölkerung in Armut lebt. Hun Sen unterhält enge Beziehungen zu Vietnam. Er ist stellvertretender Vorsitzender der kambodschanischen Volkspartei. »Die *FUNCINPEC*, die Partei des Königtums, ist nicht gut«, erklärt mir Sukry. *FUNCINPEC* ist die Partei von Sihanouk.

Früher ist Somnang auch *Tuktuk* gefahren. Sein Englisch ist ganz passabel, weil er in dieser Zeit oft mit Touristen sprach. In den vielen Jahren, in denen er nun schon als Bootsführer arbeitet, gebraucht er die Sprache kaum mehr. Er versteht noch alles, was auf Englisch gesprochen wird, aber die Fähigkeit, die Sprache zu sprechen, hat er verloren. Somnang ist noch nicht lange verheiratet. Sein erstes Kind, ein Sohn, ist gerade einmal ein Jahr alt.

Das Boot ist mittlerweile zum Stillstand gekommen. Somnang schaltet den Motor aus und wir treiben auf dem Ton Le Sap. Soweit das Auge reicht, ist nur Wasser zu sehen. Die Weite des Sees erinnert eher an ein Meer. Es ist kein Ufer in Sicht. Wir sind ganz vom braunen Wasser des Sees umgeben. Inmitten des Sonnenscheins beginnt es zu nieseln.

Als ich auf Sukrys *Tuktuk* das Dorf Bakong verlasse, sehe ich einen Mann mittleren Alters die Straße überqueren. Er hat nur ein Bein. Vor einem weitläufigen Stück Land steht ein Schild mit einem Totenkopf und darunter gekreuzten Knochen. Eine Warnung, dass das Gelände vermint ist.

An der Wand des Waffenraumes im kambodschanischen Landminenmuseum, das nicht weit von Angkor Wat entfernt liegt, hängt ein Poster mit der Aufschrift »Year Zero«. Auf dem Poster sind auf rotem Untergrund die schwarze Silhouette einer Waffe und die weiße Silhouette eines Einbeinigen mit Krücke dargestellt. 38 Länder haben die Produktion von Landminen eingestellt. 13 Länder produzieren sie bis heute. Neun dieser Länder liegen in Asien: Burma, China, Indien, Nepal, Nordkorea, Südkorea, Pakistan, Singapur und Vietnam; eines im mittleren Osten, Iran, und zwei in Amerika, die USA und Kuba.

Im Hinterhof des Museums hängt ein Hinweisschild für Journalisten, Fotografen und Filmemacher. Es ist ihnen verboten, Kinder, die Opfer von Landminen geworden sind und dort leben, ohne ihre Erlaubnis zu fotografieren. Von hier aus ist das Haus zu sehen, in dem die Besitzer des Museums mit den Kindern leben, die sie bei sich aufgenommen haben. Der Hinterhof des Museums scheint gleichzeitig der Vorgarten des Hauses zu sein. Hinterhof und Vorgarten sind lediglich durch einen hüfthohen Zaun aus Holz und Bambus getrennt. Ich sehe ein Mädchen mit einer Beinprothese, das auf die Tür des Zaunes zugeht. Vor dem Haus läuft ein Junge hin und her. Kurze Zeit später betritt ein Junge, dessen Arme bis zum Ellenbogen amputiert sind, das Museum. Er mustert mich einen Augenblick und geht dann zur Vordertür. Er ist etwa 13 Jahre alt.

In den Museumsräumen sind Mörser- und Artelleriegeschosse, Flugzeugbomben, panzerbrechende Raketen, Bazookas und Abschussvorrichtungen ausgestellt. In einem runden, verglasten Gebäude in der Mitte des Museums werden verschiedene Landminen gezeigt. Das Gebäude ist von einem künstlichen Becken mit moosgrünem Wasser umgeben.

Der Gründer des Museums heißt Aki Ra. Seine Eltern wurden von den Roten Khmer getötet und er selbst wurde als Kindersoldat in die Armee Pol Pots gezwungen. Seine Aufgabe war es, Landminen zu legen. Nach dem Ende des Khmer-Rouge-Regimes arbeitete er freiwillig als Minenräumer von Siam Riep bis an die thailändische Grenze. Die Besucher des Museums zahlen lediglich zwei US-Dollar Eintritt, der für die Instandhaltung des Museums verwendet wird.

Auf dem Rückweg vom Museum halten wir an einem Restaurant, hinter dem ein kleiner Fluss fließt. Die Speisekarte ist auf

Khmer geschrieben. Die Khmerschrift wurde aus dem Brahmi entwickelt, ein Hinweis auf die Indisierung Kambodschas. Historisch betrachtet sind die Khmer das Volk Indochinas, das am stärksten durch indische Einflüsse geprägt wurde, vom Ausmaß her vergleichbar mit der chinesischen Prägung Vietnams.

Mit Sukrys Hilfe bestelle ich *amok*, ein typisches Khmergericht, das aus geraspelter Kokosnuss und Fisch besteht. Sukry bestellt Enteneintopf und beginnt aus seiner Schulzeit zu erzählen. Nach der Grundschule besuchte Sukry eine islamische Bildungseinrichtung namens *Makhad Umukala*. Den Namen der Schule, die er selbst als »Zentrum« bezeichnet, schreibt er mir auf Arabisch in mein Notizbuch. Dort erhielt er Unterricht in Mathematik, Arabisch, Englisch und Malaiisch. Sein Lehrer war ein Kambodschaner, der lange in Malaysia gelebt hatte. Nachdem am 11. September 2001 zwei Flugzeuge in die Zwillingstürme des World Trade Centers in New York geflogen waren, wurde er einmal verhaftet, weil er eine Tasche mit arabischen Schriftzeichen bei sich getragen hatte. Er wurde drei Wochen lang unter Terrorismusverdacht festgehalten.

Sukry besuchte später keine weiterführende Schule mehr, weil er seine Mutter beim Bestreiten des Lebensunterhalts der Familie unterstützen musste. Er ist sehr froh, dass zwei seiner Brüder die Möglichkeit haben, in Phnom Penh zu studieren. Sukry ist das dritte von sieben Kindern. Sein Vater kann aufgrund einer Diabetes nicht länger arbeiten. »Mein Vater liebt Enteneintopf«, sagt er plötzlich mit feuchten Augen.

Ich frage ihn nach seiner Meinung zum Aufkommen militanter islamischer Gruppierungen in der letzten Zeit, die mit Terror und Gewalt in Verbindung gebracht werden. Seine Antwort ist einfach: »Der Islam lehrt uns Frieden zu schaffen und nicht Feindschaft zu säen.« Das Dorf von Sukry ist umgeben von buddhistischen Gemeinschaften, von denen er sich als Muslim jedoch keineswegs bedroht fühlt. 60 Prozent der Kambodschaner sind Buddhisten und 40 Prozent Muslime. »Nicht nur religiöse Unterschiede müssen respektiert werden, sondern auch menschliche. Hier gibt es ein Hotel, das einem Transsexuellen gehört und transsexuelle Mitarbeiter beschäftigt. Es heißt *Goldene Banane*«, erzählt er. Sukry genügt es, wenn die Menschen sich gegenseitig respektieren.

Am 10. Oktober 2009 verlasse ich Siem Reap in Richtung Phnom Penh. Der Kleinbus für insgesamt 14 Fahrgäste ist gemütlich und mit seiner Klimaanlage angenehm kühl. Sukry hat mir die Telefonnummer eines Freundes in Phnom Penh gegeben, der auch *Tuktuk*-Fahrer ist. Sein Name ist Ban Mao. »Er wird dir als guter Freund von mir ganz sicher helfen«, sagt Sukry mir noch zum Abschied an diesem Mittag. Er bleibt vor der Autovermietung stehen, bis sich unser Bus in Richtung Hauptstraße auf den Weg macht.

Phnom Penh liegt etwa vier Autostunden von Siem Reap entfernt. Alle 300 bis 500 Meter sehe ich links und rechts der Straße Schilder, auf denen *Kambodschanische Volkspartei* steht. Mir fällt die Dichte der Werbetafeln für die Partei von Hun Sen in dem Moment auf, als wir die Provinz Kampong Thom, den Geburtsort von Pol Pot, durchqueren. Ironischerweise sehe ich nur vier Schilder der *FUNCINPEC* auf dem gesamten Weg nach Phnom Penh.

In der Provinz Kandal fällt mir am Straßenrand eine Gruppe von Mädchen mit Kopftüchern auf, die in einer kleinen Hütte herumsitzen. In dem Augenblick fährt ein Motorrad an der Hütte vorbei, auf dessen Rücksitz ein buddhistischer Mönch mit orangefarbener Robe sitzt, die im Fahrtwind flattert. Der Bus verringert seine Geschwindigkeit, als wir auf eine Gruppe Rinder treffen. Es sind so viele, dass ich an die Rinder auf Acehs Straßen denken muss. Rinder allen Alters und aller Größen laufen links und rechts entlang der Straße. Der Bus kommt gezwungenermaßen zum Stehen, als sich eines der Rinder in aller Ruhe anschickt, die Straße zu überqueren. Am Straßenrand tauchen nun Stelzenhäuser auf. Offensichtlich hat es hier gerade eine Überschwemmung gegeben. Ich sehe ein braunes Wasserbecken, in dessen Mitte eine Art Wahrzeichen steht, vermutlich ist es der Vorhof einer Schule, die gänzlich unter Wasser steht. Der Bus bewegt sich weiter in Richtung Phnom Penh. Die Straße ist vom Grün der Plantagenbäume gesäumt. An einem Abschnitt sehe ich links und rechts weitläufige Reisfelder.

Meine müden Augen fühlen sich auf einmal wieder frisch an. Ich denke bei mir, dass sich die Dörfer Südostasiens nicht wesentlich unterscheiden. Auf Plantagen folgen Reisfelder, auf Reisfelder Stelzenhäuser und so weiter.

Phnom Penh wiederum ist nicht sonderlich verschieden von bestimmten Gegenden in Jakarta. Es herrscht dichter Verkehr, entlang der Straße stehen dicht an dicht gedrängt Geschäfte und hinter den Häusern der Mittel- und Oberschicht liegen die Slums.

Das Wetter ist noch immer so wie am Tag meiner Ankunft in Siem Reap. Der Regen kennt keine Uhrzeit, mal kommt er am Morgen, mal mittags und manchmal im Verlauf des Nachmittags. An meinem ersten Morgen in Phnom Penh frühstücke ich in einem Cafe neben meinem Hotel und besorge mir eine Ausgabe der *Cambodian Daily* bei einem kleinen Jungen, der Zeitungen verkauft. Die Tageszeitung erscheint auf Englisch, enthält aber auch einige Seiten auf Khmer. Die Mehrzahl der Nachrichten stammt von ausländischen Nachrichtenagenturen. Eine Schlagzeile kommt aus Indonesien: Es ist ein Terrorist erschossen worden, der in die Bombenanschläge auf das Ritz Carlton und das Marriott in Jakarta involviert war. Drei Tage später lese ich eine andere englischsprachige Tageszeitung, die mit eigenen Journalisten arbeitet: *The Phnom Penh Post.* Auf Seite eins wird über das Kriegsverbrechertribunal gegen die Führer der Roten Khmer berichtet. Es geht um eine Stellungnahme des Anwalts von Ieng Sary, der die Ermittlungen gegen seinen Klienten für ungerecht und intransparent hält.

Mittags bringt mich Ban Mao zum Choeung Ek Genocidal Center. Es ist ein Monument, das an die Grausamkeiten der Pol-Pot-Zeit erinnert und steht auf dem Gelände eines ehemaligen Vernichtungslagers. Der Hinterhof diente als Exekutionsplatz. Im ersten Gebäude stehen mehrstöckige Vitrinen, die Schädel, Knochen und Kleidungsstücke der Opfer enthalten. All das ist in einer Weise drapiert, als würde es sich um wertvolle Gegenstände im Schaufenster einer Boutique handeln. Es befremdet mich, dass ich bei diesem Anblick so gar nichts spüre. Ich fühle mich weder traurig noch froh. Auch Angst steigt nicht in mir auf. Ich fühle nichts.

In einem anderen Gebäude ist die Kleidung der männlichen und weiblichen Kader der Roten Khmer ausgestellt. Ich blicke auf tiefschwarze Anzüge und Schals mit roten Karos. An der Wand sehe ich ein Bild von Hu Nim, dem Informationsminister des Regimes, der in Choeung Ek exekutiert wurde. Er trägt Jacke und Schlips. Seine Lippen umspielt ein Lächeln. Er schaut mich aus sanftmütigen Augen an. Premierminister Pol Pot hat nicht nur die Ermordung eines jeden angeordnet, den er für einen Feind hielt, sondern auch Freunde, Beamte und Soldaten verschwinden lassen, von denen er glaubte, dass sie ihn herausfordern würden. Die Wand ist voller Poster, die von den Grausamkeiten und den Tätern berichten. Eines der Poster zeigt Soldaten der Roten Khmer, wie sie Babys misshandeln. Wahrhaft sadistisch! Als wäre das nicht genug, haben sie einen Fotografen gebeten, ihr Tun zu verewigen.

Ban Mao ist im Vergleich zu Sukry eher still und mit seinen circa 50 Jahren um einiges älter. Er ist spindeldürr, hat spitze Wangenknochen und seine Kleidung ist verschlissen. Ban Mao fährt mich zum sehr bukolischen Flussufer und bittet mich ein Foto von ihm und den Tauben, die dort herumfliegen und sich immer wieder niederlassen, zur Erinnerung zu machen. Dann erzählt er von der Zeit unter den Roten Khmer.

»Die Menschen starben entweder, weil sie ermordet wurden (Er deutet mit der Hand einen Schnitt durch die Kehle an.) oder weil sie verhungerten«, erzählt er. Damals hatte er einmal 15 Tage lang nichts gegessen. Ab und zu gelang es ihm, eine Schale Reis oder, besser gesagt, Reissuppe zu kommen. »Eine sehr kleine Schüssel«, lacht er bitter. Eines Tages verließ Ban Mao mit acht Freunden sein Heimatdorf, um sich vor der Armee Pol Pots in Sicherheit zu bringen. Er ist der einzige von ihnen, der heute noch lebt. Alle acht Freunde sind tot. Und wieder führt er die Hand an seine Kehle.

Pol Pot starb im Jahre 1998 im Hausarrest, der von Ta Mok, einem seiner Militärkommandeure, angeordnet worden war. Zuvor hatte Pol Pot seinen ehemaligen Verteidigungsminister Son Sen mitsamt seiner Familie umbringen lassen.

Glossar

Abdurrahman Wahid (1940-2009) 1984-1999 Vorsitzender der Nahdlatul Ulama, 1999-2001 vierter Präsident Indonesiens, bekannt als »Gus Dur«

(Amphoe) Tak Bai (Verwaltungsdistrikt) der Provinz Narathiwat im Süden Thailands, ca. 69.000 Einwohner

Abdul Muthalib (497-578) Großvater des Propheten Mohammed, einflussreicher Händler im vorislamischen Mekka

Abdullah Puteh (*1948) 1999-2004 Gouverneur der indonesischen Provinz Aceh, 2005-2009 Gefängnishaft auf Java wegen Veruntreuung öffentlicher Gelder

Abrahah König des heutigen Jemen, reg. ca. 531-558

Abu Bakar (573-634) Gefährte und Schwiegervater des Propheten Mohammed, erster Kalif nach dessen Tod

Abu Bakar Ba'asyir (*1938) islamistischer indonesischer Geistlicher, Gründungsmitglied und ehemaliger spiritueller Führer der islamistischen Terrororganisation *Jemaah Islamiyah*, 2011 wegen Unterstützung eines terroristischen Trainingslagers in Aceh zu 15 Jahren Haft verurteilt

Aceh westlichste Provinz Indonesiens mit ca. fünf Millionen Einwohnern, ca. 99 Prozent der Einwohner sind Muslime, offizieller Name: Nanggroe Aceh Darussalam (NAD, Aceh Land des Friedens)

Aceh Besar Distrikt an der Nordwestspitze der Provinz Aceh, ca. 370.000 Einwohner

Akek Rukam der »unsichtbare Krokodilkönig«, mythische Vorstellung auf der östlich von Sumatra gelegenen Insel Bangka

Algojo aus dem Portugiesischen entlehnte indonesische Bezeichnung für islamische Scharfrichter zur Vollstreckung von Körperstrafen (*hudud*)

Ali Sastroamidjojo (1903-76) achter (1953-55) und zehnter (1956-57) Premierminister Indonesiens, Vorsitzender der Asien-Afrika-Konferenz 1955

AM *Aceh Merdeka* (Freies Aceh), ursprüngliche Bezeichnung der Bewegung Freies Aceh (*Gerakan Aceh Merdeka*, GAM)

Ambon größte Stadt der gleichnamigen Insel und zugleich Hauptstadt der indonesischen Provinz Molukken (*Maluku*), ca. 270.000 Einwohner

AMM *Aceh Monitoring Mission*, paritätisch aus EU- und ASEAN-Vertretern besetzte internationale Beobachtungsmission zur Umsetzung der Sicherheitsbestimmungen des Friedenvertrages (MoU) zwischen der indonesischen Regierung und der GAM vom 15. August 2005, Einsatzzeitraum: September 2005 bis Dezember 2006

Amrozi (1962-2008) islamistischer Terrorist und Mitglied der *Jemaah Islamiyah*, an den Bombenanschlägen auf Bali am 12. Oktober 2002 beteiligt, im August 2003 gemeinsam mit Ali Ghufron und Imam Samudra zum Tode verurteilt, Vollstreckung des Todesurteil im November 2008

Angkor Wat ursprünglich hinduistische, später buddhistische Tempelanlage aus dem frühen 12. Jahrhundert in der Region Angkor ca. 240 Kilometer nordwestlich von Phnom Penh, der Hauptstadt Kambodschas, Teil des UNESCO-Weltkulturerbes

Ansor Jugendorganisation der *Nahdlatul Ulama*

Aparat Apparat – Synonym für den indonesischen Staat, die indonesische Verwaltung und/oder die indonesischen Sicherheitskräfte

AQIM *Al-Qaida* im islamischen Maghreb

Arthur James Balfour (1848-1930) 1902-05 britischer Premierminister, 1916-19 britischer Außenminister, sicherte im November 1917 in der sogenannten »Balfour-Deklaration« der Zionistischen Bewegung seine Unterstützung für eine Staatsgründung Israels zu, einer der Wegbereiter der Gründung Israels 1948

ASEAN *Association of Southeast Asian Nations* (Verband Südostasiatischer Nationen), Mitglieder: Brunei, Kambodscha, Indonesien, Laos, Malaysia, Myanmar, Philippinen, Singapur, Thailand, Vietnam

Bacharuddin Jusuf Habibie (*1936) 1998-99 dritter Präsident Indonesiens nach Rücktritt Suhartos, leitete während seiner Amtszeit umfassende demokratische Reformen ein

Baju Kurung traditionelle, häufig knielange malaiische Bluse

Bali östlich von Java gelegene Insel und gleichnamige Provinz Indonesiens mit ca. 4.220.000 Einwohnern, vorwiegend hinduistisch geprägt

Banda Aceh Hauptstadt der Provinz Aceh, ca. 220.000 Einwohner, im Tsunami vom 26. Dezember 2004 starb ca. ein Drittel der Bevölkerung der Stadt

Bang/Abang indonesische Anrede für einen älteren Verwandten/Bekannten/Freund in derselben Generation

Bangka östlich von Sumatra in der Karimata-Straße gelegene Insel

Batak in Nordsumatra beheimatete, mehrheitlich protestantische Ethnie, die in Familienclans organisiert ist, bis heute bekannt für ihre nicht länger praktizierten Traditionen der Kopfjagd und des rituellen Kannibalismus

Batavia 1619-1942 niederländische Bezeichnung von Jakarta, der Hauptstadt Indonesiens

Becak »indonesische Rikscha«, Zweisitzer, der entweder mit einem Fahrrad von hinten oder als Beiwagen an einem Moped/Motorrad betrieben wird

Bekasi östlich von Jakarta in der Provinz Jawa Barat (West-Java) gelegene Großstadt mit ca. 2,5 Millionen Einwohnern, gehört mit den Städten Jakarta, Bogor, Depok und Tangerang und ihren Landkreisen zur Metropolregion Jabodetabek mit ca. 27 Millionen Einwohnern

Bener Meriah Distrikt im Hochland der Provinz Aceh, ca. 122.000 Einwohner

Betel Frucht der Betelnusspalme, die kleingehackt mit gelöschtem Kalk in die Blätter des Betelpfeffers gerollt und gegen Ermüdung gekaut wird, in weiten Teilen Asiens und Ostafrikas verbreitet

Bhumibol Adulyadej (*1927) seit 1946 als Rama (der Große) IX. König von Thailand, am längsten amtierendes Staatsoberhaupt der Welt

BIN *Badan Intelijen Negara* (In- und Auslandsgeheimdienst Indonesiens)

bin Arabisch: »Sohn von«

binti Arabisch: »Tochter von«

Blang Malo Gegend im Distrikt Pidie in der Provinz Aceh

Boediono (*1943) 2008-2009 Vorsitzender der indonesischen Zentralbank *Bank Indonesia*, 2009-2014 Vizepräsident Indonesiens

Budi Utomo am 20.05.1908 gegründete, erste einheimische politische Gesellschaft in Niederländisch-Indien mit dem Ziel, die Bildung der einheimischen Bevölkerung zu verbessern; Gründungsdatum ist der nationale Feiertag »Tag des nationalen Erwachens Indonesiens« (*Hari Kebangkitan Nasional Indonesia*)

Bugis vor allem im Süden der Insel Sulawesi beheimatete, vorrangig muslimische Ethnie mit einer Bevölkerung von ca. fünf Millionen, erfolgreiche Händler- und Seefahrer

Bumiputera Sanskrit: »Sohn der Erde«, in Malaysia und Brunei verwendete Bezeichnung für ethnische Malaien, die in beiden Ländern als die »angestammte« Bevölkerung gelten

Chaim Weizmann (1874-1952) 1921-31 und 1935-46 Vorsitzender der Zionistischen Weltorganisation und von 1949-52 erster Präsident Israels

Cham in Kambodscha und Vietnam beheimatete, vornehmlich muslimische Ethnie, Nachfahren der Bewohner des Königreichs Champa (7.-18. Jh.), während der Herrschaft der Roten Khmer Tötung von ca. 100.000 der 250.000 in Kambodscha lebenden Cham

CoHA *Cessation of Hostilities Agreement*, Waffenstillstandsabkommen zwischen der GAM und der indonesischen Regierung, im Dezember 2002 in Genf unterzeichnet

Cut Nyak Dhien (1850-1908) Führerin des antikolonialen Widerstandes während des Aceh-Krieges von 1873-1904 gegen die Niederlande, seit 1964 offizielle Nationalheldin (*Pahlawan Nasional*) Indonesiens

Dangdut populäre Volksmusik in Indonesien mit indischen, malaiischen und arabischen Einflüssen, häufig von laszivem Tanz begleitet, löst in Indonesien und Malaysia regelmäßig Sittenkontroversen aus, teilweise Verbot von öffentlichen Auftritten bestimmter Künstlerinnen

Darul Islam Arabisch: »Haus des Islam«, bewaffnete Widerstandsbewegungen in West-Java, Süd-Sulawesi und Aceh, die zwischen 1942 und 1961/62 einen bewaffneten Kampf für die islamische Verfasstheit Indonesien gegen die Republik Indonesiens führten

Darul Mujahiddin Arabisch: »Haus der Gotteskrieger«

Daud Beureueh 1945-1953 Militärgouverneur von Aceh und von 1953-1962 Führer der Darul Islam in Aceh

Daud Paneuk (1931-2003) Bürgerlich: Muhammad Daud Husin, erster Oberbefehlshaber der AM/GAM, 2003 im Exil in Huddinge, Schweden, verstorben

Dayah Bezeichnung für ein traditionelles islamisches Internat in Aceh, das in anderen Teilen Indonesiens und der malaiischen Welt auch als *Pesantren* oder *Madrassah* bezeichnet wird

Dayak Indigene Bevölkerung des Landesinneren der Insel Borneo, verteilt über die Staatsgebiete von Brunei, Malaysia und Indonesien, im 20. Jh. weitgehend christianisiert oder islamisiert, teilweise noch animistisch geprägte Glaubensvorstellungen, ausgeprägte Kopfjagdtradition, bei Zusammenstößen zwischen Siedlern von der Insel Madura und Dayak im südlichen, indonesischen Teil Borneos (Kalimantan) zwischen 1996 und 2001 »wiederbelebt«

Deobandis Fremdbezeichnung der Anhänger der Lehren der einflussreichen islamischen Hochschule *Dar ul-Ulum Deoband*, 1866

in der indischen Stadt Deoband gegründet, vertritt sehr orthodoxe und puritanische Form des Islam

Didong traditionelle Kunstform der Gayo im Hochland Acehs, gesungene Gedichtrezitation

DOM *Daerah Operasi Militer* (Militärisches Operationsgebiet) – 1990-98 offizieller Status der Provinz Aceh im Rahmen der Aufstandsbekämpfung der indonesischen Sicherheitskräfte gegen die GAM

Dschinn in der islamischen Vorstellung unsichtbare, vernunftbegabte, dämonenartige Wesen, aus Feuer erschaffen, ursprünglich vorislamische Glaubensvorstellung, die in den Koran übernommen wurde, unterliegen genauso wie die Menschen den Gesetzen Allahs

FPI *Front Pembela Islam* (Front der Verteidiger des Islam) – fundamentalistische islamische Gruppierung, verübt seit 1998 in verschiedenen Gegenden Indonesiens weitgehend straffrei aggressive Vigilantenaktionen gegen aus ihrer Sicht »unislamische« Einrichtungen und Personen

FUNCINPEC *Front Uni National pour un Cambodge Indépendant, Neutre, Pacifique, et Coopératif* (Nationale Einheitsfront für ein unabhängiges, neutrales, friedliches und kooperatives Kambodscha) – Royalistische Partei Kambodschas, kämpfte in den 1980er Jahren im Widerstand gegen die pro-vietnamesische Regierung des Landes, drittgrößte Partei Kambodschas, seit 2013 nicht mehr im Parlament vertreten

Gado-Gado indonesischer Salat aus Westjava, aus gekochten Eiern, blanchiertem/gekochtem/gedämpftem Gemüse und Tofu mit Erdnusssauce

GAM *Gerakan Aceh Merdeka* (Bewegung Freies Aceh)

Gayo vorwiegend islamisierte Ethnie im Hochland der Provinz Aceh, verteilt auf die Distrikte Zentralaceh, Bener Meriah und Gayo Lues, ca. 85.000 Mitglieder

Geuchik Bezeichnung für ein Dorfoberhaupt in der Provinz Aceh

Geumpang Subdistrikt des Distrikts Pidie in der Provinz Aceh

Goh Chok Tong (*1941) 1990-2004 Premierminister Singapurs, Nachfolger des ersten Premierministers Lee Kuan Yew (1923-2015)

Golkar Indonesisch: *Golongan Karya* (Funktionelle Gruppen), 1971-98 Regierungspartei des autoritären Präsidenten Suharto, nach den Wahlen 2014 zweitstärkste Kraft im indonesischen Parlament

Hadsch islamische Pilgerreise nach Mekka, eine der fünf Säulen des Islam

Halimun Berg im Distrikt Pidie der Provinz Aceh, 1976-1979 erste Kommandozentrale der Bewegung Freies Aceh

Heng Samrin (*1934) ehemaliger Kader der Rothen Khmer, 1978 Flucht nach Vietnam, 1979-1991 Vorsitzender des von Vietnam eingesetzten Volksrevolutionsrates und Präsident der Volksrepublik Kampuchea

Hidschra Auswanderung des Propheten Mohammed von Mekka nach Medina im Jahr 622

Hu Nim (1930/32-77) kommunistischer Intellektueller, während des Roten-Khmer-Regimes Informationsminister, 1977 unter dem Vorwurf der Konterrevolution durch die Roten Khmer hingerichtet

Humanitarian Pause zwischen der indonesischen Regierung und der GAM im Mai 2000 in Genf ausgehandeltes Waffenstillstandsabkommen

Hun Sen (*1952) seit 1998 dritter Premierminister Kambodschas, Vorsitzender der Kambodschanischen Volkspartei

Husayn ibn Ali (626-680) Enkel des Propheten Mohammed, in der schiitischen Glaubenstradition als Märtyrer verehrt

IDAHO *International Day Against Homophobia, Transphobia and Biphobia* (Internationaler Tag gegen Homophobie, Transphobie und Biphobie), seit 2005 jährlich am 17. Mai begangen

Ieng Sary (1925-2013) 1975-79 Außenminister des Demokratischen Kampuchea, Führender Kader der Roten Khmer, innerhalb der Roten Khmer als »Bruder Nummer 3« bezeichnet, 2009 Anklage wegen Völkermordes vor dem Roten-Khmer-Tribunal in Kambodscha, verstarb vor einer möglichen Verurteilung

Igeuh Acehisch: kleiner Bambus

Imam islamischer Geistlicher

Imam Samudra (1970-2008) islamistischer Terrorist, Mitglied der *Jemaah Islamiyah*, an den Bombenanschlägen auf Bali am 12. Oktober 2002 beteiligt, im August 2003 gemeinsam mit Ali Ghufron und Amrozi zum Tode verurteilt, Vollstreckung des Todesurteils im November 2008

Irwandi Yusuf ehemaliger Sprecher und militärischer Stratege der Bewegung Freies Aceh (GAM), 2007-12 Gouverneur Acehs

ISA *Internal Security Act* (Dekret zur inneren Sicherheit) – Präventionshaftgesetz in Malaysia, 2012 durch ein neues Präventionshaftgesetz ersetzt, gleichnamiges Präventionshaftgesetz existiert auch in Singapur

Isa Almasih arabische Bezeichnung für den im Islam als Propheten geltenden Jesus Christus

Iskandar Mudah (1583-1636) zwölfter Sultan des Sultanats Aceh Darussalam, reg. 1607-1636, in seiner Regentschaft größte Ausdehnung und Blütezeit Acehs, goldenes Zeitalter Acehs

Jalin Bergregion im Distrikt Aceh Besar in der Provinz Aceh nahe der Hauptstadt Banda Aceh

Janjaweed islamistische Bewegung im Tschad und in Dafur (Sudan)

Jantho Hauptstadt des Distrikts Aceh Besar der Provinz Aceh, ca. 10.000 Einwohner

Jaring Merah Indonesisch: Rotes Netz – Name der Militäroperation der indonesischen Sicherheitskräfte gegen die GAM in Aceh 1989-98, schwere Menschenrechtsverbrechen gegen die Zivilbevölkerung

Java eine der vier Großen Sundainseln, der größten Inselgruppe der Welt, Hauptinsel der Republik Indonesien, ca. 130 Millionen Einwohner (ca. 60 Prozent der indonesischen Bevölkerung)

Jemaah Islamiyah Arabisch: »Gemeinschaft der Muslime«, islamistische Organisation, zu Beginn der 1990er Jahre von den islamischen Geistlichen Abdullah Sungkar und Abu Bakar Ba'ashir mit dem Ziel der Errichtung eines islamischen Kalifats in Südostasien gegründet, verantwortlich für eine Reihe von terroristischen Attentaten seit 2000, unter anderem die Anschläge von Bali am 12. Oktober 2002 mit 202 Toten

Jeunib Subdistrikt des Distrikts Bireuen an der Ostküste der Provinz Aceh

Jihad Arabisch: »Anstrengung, die auf ein bestimmtes Ziel gerichtet ist«, in einer radikalislamischen bzw. islamistischen Lesart als Kampf gegen säkulare oder nicht-islamische Herrschaft zu verstehen

Kak/Kakak indonesische Bezeichnung älterer Geschwister, Anrede für ältere Personen

Kalimantan südlicher, zu Indonesien gehöriger Teil der Insel Borneo, einer der vier Großen Sundainseln, ca. 15 Millionen Einwohner

Karoland Indonesisch: *Tanah Karo*, Distrikt der Provinz Nordsumatra, zentrales Siedlungsgebiet der Ethnie der Karo, ca. 600. 000 Mitglieder

Kecamatan Subdistrikt

Kenduri Festessen, in der malaiischen Welt anlässlich verschiedenster gesellschaftlicher Anlässe wie Hochzeiten oder Trauerfeiern abgehalten

Kerbala Stadt im Irak, ca. 100 Kilometer südwestlich der Hauptstadt Bagdad, ca. 580.000 Einwohner

Keumala Dalam Waldregion im Distrikt Pidie der Provinz Aceh, Acehisch wörtlich: tiefer Stein

Khieu Samphan (*1931) ranghoher Kader der Roten Khmer, 1975-79 offizielles Staatsoberhaupt des Demokratischen Kampuchea der Roten Khmer, 2014 durch das Rote-Khmer-Tribunal zu lebenslanger Haft wegen Verbrechen gegen die Menschlichkeit verurteilt

Komunitas Tikar Pandan Kulturverein mit Sitz in Banda Aceh

KontraS *Komisi untuk Orang Hilang dan Korban Tindak Kekerasaan* (Kommission für Vermisste und Gewaltopfer), indonesische Menschenrechtsorganisation

Kopassus *Komando Pasukan Khusus* (Spezialstreitkräfte des indonesischen Militärs), Sondereinheit des indonesischen Militärs, verantwortlich für unzählige in den Konfliktregionen Indonesiens begangene Menschenrechtsverbrechen

Kopiah siehe *Peci*

KPA *Komite Peralihan Aceh* (Aceh-Übergangskomitee), zivile Nachfolgeorganisation des GAM-Militärs TNA, im Dezember 2005 gegründet

Ku Klux Klan 1865 gegründeter, rassistisch motivierter und militaristisch agierender Geheimbund in den Südstaaten der USA gegen die Gleichstellung der afroamerikanischen Bevölkerung, 1870 Verbot, Neugründung 1915, ca. vier Millionen Mitglieder Mitte der 1920er Jahre, heute ca. 5.000 Mitglieder in über die gesamte USA verteilten Einzelorganisationen

Langkat nördlichster Distrikt der indonesischen Provinz Nordsumatra

Laut Tawar Indonesisch: »Süßwassermeer«, Kratersee in Zentralaceh

Lebaran zweitägiges Fest am Ende des islamischen Fastenmonats Ramadan

Lee Hsien Loong (*1952) seit 2004 Premierminister von Singapur, ältester Sohn des Staatsgründers Lee Kuan Yew

Lee Kuan Yew (1923-2015) Staatsgründer Singapurs, 1959-1990 erster Premierminister Singapurs

LGBT Englisch: *lesbian, gay, bisexual, transgender* (lesbisch, schwul, bisexuell, transexuell)

Lhok Nga Dorf im Distrikt Aceh Besar in der Provinz Aceh

Lon Nol (1913-85) kambodschanischer Offizier und Politiker, 1966-67 und 1969-72 Premierminister Kambodschas, 1970 Putsch gegen König Sihanouk, 1972-75 Präsident Kambodschas, 1975 Flucht vor den Roten Khmer und Exil in den USA

Lord's Resistance Army (LRA) 1987 im Norden Ugandas gegründete Widerstandsbewegung gegen die Regierung Ugandas, heute paramilitärische Gruppierung, kämpft im Grenzgebiet zwischen der Zentralafrikanischen Republik, der Demokratischen Republik Kongo und Südsudan für die Errichtung eines christlichen Gottesstaates, Gruppe werden massive Menschenrechtsverbrechen vorgeworfen, bisher ca. 100.000 Todesopfer während des Konflikts

Madura an der Ostküste Javas gelegene indonesische Insel

Maghrib islamisches Abendgebet nach Sonnenuntergang

Mak Indonesisch: Mutter, Anrede für ältere Frauen

Maksiat Sammelbegriff für unmoralisches Verhalten nach islamischen Moralvorstellungen

Malik Mahmud (*1939) ehemaliger »Premierminister« und Gründungsmitglied der Bewegung Freies Aceh (GAM), seit 2013 *Wali Nanggroe* (Beschützer des Landes) der Provinz Aceh, höchstes zeremonielles Amt der Provinz

Masyumi *Majelis Syuro Muslimin Indonesia* (Konsultativrat der indonesischen Muslime), 1945 gegründete und 1960 aufgrund der Unterstützung lokaler Aufstände gegen die Regierung von Präsident Sukarno verbotene islamische Partei Indonesiens

Maulid Arabisch: Geburtstag

Medan Hauptstadt der indonesischen Provinz Nordsumatra, grenzt östlich an die Provinz Aceh, ca. zwei Millionen Einwohner

Megawati Sukarnoputri (*1947) Tochter des indonesischen Staatsgründers Sukarno, seit 1996 Vorsitzende der von ihr mitbegründeten PDI-P, 1999-2001 Vizepräsidentin und 2001-2004 Präsidentin Indonesiens

Meulaboh Stadt an der Westküste der Provinz Aceh, ca. 90.000 Einwohner, im Tsunami am 26. Dezember 2004 starb ca. ein Drittel der Bevölkerung der Stadt

Mohammad Hatta (1902-80) gemeinsam mit Sukarno Staatsgründer der Republik Indonesien am 17.08.1945, 1945-56 Vizepräsident Indonesiens, 1948-50 Premierminister Indonesiens

Mohammed Amin al-Husseini (1893-1974) 1921-37 oberster islamischer Rechtsgelehrter (Großmufti) von Jerusalem, Führer der anti-britischen und anti-jüdischen Bewegung in Palästina in den 1930er Jahren mit dem Ziel der Gründung eines Staates Palästina, 1937-45 Exil in Nazideutschland auf Einladung Adolf Hitlers, aktiver Unterstützer des Holocaust

Mohammed Zia-ul-Haq (1924-88) General der pakistanischen Armee, 1977 Militärputsch gegen die pakistanische Regierung unter Zulfikar Ali Bhutto, 1977-1988 autokratischer Staatschef Pakistans

MoU *Memorandum of Understanding*, am 15. August 2005 in Helsinki unterzeichneter Friedensvertrag zwischen der Bewegung Freies Aceh (GAM) und der indonesischen Regierung

Muhammad Hasan di Tiro (1925-2010) Gründer (4.12.1976) und bis zu seinem Tode offizieller Führer der Bewegung Freies Aceh (GAM)

Muhammad Jusuf Kalla (*1942) 2004-2009 zehnter Vizepräsident Indonesiens und Vorsitzender der Partei Golkar, seit 2014 zwölfter Vizepräsident Indonesiens

Muhammad Suharto (1921-2008) 1966-98 zweiter Präsident Indonesiens, autokratischer Führer des Landes bis zu seinem erzwungenen Rücktritt im Mai 1998

Muhammadiyah zweitgrößte, modernistisch orientierte islamische Massenorganisation Indonesiens, 30-40 Millionen Mitglieder

MUI *Majelis Ulama Indonesia* (Rat der Islamischen Gelehrten Indonesiens) – halbstaatlicher Zusammenschluss islamischer Gelehrter, der Rechtsgutachten (*fatwa*) erstellt und die indonesische Regierung in religiösen Fragen berät

Muzakir Manaf (*1964) 2002-2005 Oberkommandierender des bewaffneten Arms (TNA) der Bewegung Freies Aceh (GAM), seit 2005 Vorsitzender des Aceh-Übergangskomitees, seit 2008 Vorsitzender der *Partai Aceh*, seit 2012 Vizegouverneur der Provinz Aceh

Nadschaf Stadt im Zentralirak südlich von Bagdad, beherbergt die Imam-Ali-Moschee, in dem der Schwiegersohn des Propheten Mohammed, Ali ibn Abi Talib, beerdigt sein soll, der von den Schiiten als rechtmäßiger Nachfolger Mohammeds verehrt wird

Nagapattinam Stadt im südindischen Bundesstaat Tamil Nadu, ca. 100.000 Einwohner

Najib Tun Razak (*1953) seit 2009 sechster Premierminister Malaysias

Nakhon Si Thammarat Hauptstadt des gleichnamigen Distrikts und der gleichnamigen Provinz im Süden Thailands, ca. 105.000 Einwohner

Nasirabad Stadt im nordindischen Bundesstaat Rajasthan, ca. 50.000 Einwohner

Neue Ordnung Indonesisch: *Orde Baru*, autoritäre Herrschaft des Präsidenten Mohammed Suharto von 1966 bis 1998

NKRI *Negara Kesatuan Republik Indonesia* (Einheitsstaat Republik Indonesien)

Norodom Sihanouk (1922-2012) 1941-55 und 1993-2004 König von Kambodscha, mehrfach Staatsoberhaupt Kambodschas

NPD Nationaldemokratische Partei Deutschlands

NSDAP Nationalsozialistische Deutsche Arbeiterpartei

Nyai Roro Kidul auch *Ratu Kidul*, sogenannte »Königin des Südens«, bewohnt nach in Zentraljava verbreitetem Glauben einen Palast im Meer vor der Südküste Javas, verfügt über große magische Fähigkeiten

Pagaruyung Sitz der Könige des Königreichs Minangkabau in Westsumatra

Pancasila Indonesisch: die fünf Prinzipien, indonesische Staatsphilosophie, Prinzipien: 1. Glaube an einen allmächtigen Gott, 2. nationale Einheit Indonesiens, 3. Prinzip des Humanismus, 4. Beratungs- und Konsensdemokratie, 5. soziale Gerechtigkeit

Partai Aceh 2008 als Nachfolgeorganisation der Bewegung Freies Aceh (GAM) gegründete lokale Partei in Aceh, seit den Parlamentswahlen im April 2009 stärkste politische Kraft Acehs

Partai Gabthat 2008 gegründete lokale islamische Partei in Aceh aus dem Umfeld der Bewegung Freies Aceh (GAM), aus administrativen Gründen nicht zu den Wahlen zugelassen

Patani, Yala und Narathiwat drei islamisch geprägte Provinzen im Süden Thailands, Gebiet des ehemaligen Sultanats Patani (14./15. Jh.-1809)

PBR *Partai Bintang Reformasi* (Partei des Sterns demokratischer Reformen) – 2002 gegründete islamistische Kleinst-Partei in Indonesien

PDI-P *Partai Demokrasi Indonesia – Perjuangan* (Demokratische Partei Indonesien – Kampf)

Peci auch *kopiah* oder *songkok,* runde Kopfbedeckung, in den muslimischen Regionen Südostasiens von Männern getragen

Peunayong Geschäftsdistrikt Banda Acehs mit hohem Anteil chinesischstämmiger, nicht-muslimischer Bevölkerung

Peurelak Subdistrikt des Distrikts Ostaceh (*Aceh Timur*) in der Provinz Aceh

Phnom Penh Hauptstadt Kambodschas, ca. 1,5 Millionen Einwohner

Pidie Distrikt an der Ostküste der Provinz Aceh

PIR *Partai Indonesia Raya* (Partei Großindonesien)

PKI *Partai Komunis Indonesia* (Kommunistische Partei Indonesiens), Gründung 1924, drittgrößte kommunistische Partei der Welt nach der VR China und der UdSSR, 1965/66 Zerschlagung der PKI aufgrund ihres angeblichen Putschversuchs am 30. September 1965, in der Folge in ganz Indonesien gezielte Tötung von ca. einer Million tatsächlichen und vermeintlichen PKI-Mitgliedern

Plaek Phibunsongkhram (1897-1964) 1938-44 Ministerpräsident Thailands, 1942 Eintritt in den Zweiten Weltkrieg an der Seite Japans, 1944 Rücktritt, 1947 Putsch unter seiner Führung, 1948-57 Ministerpräsident Thailands, autoritärer Herrschaftsstil geprägt von nationalistischer Ideologie, 1957 Militärputsch gegen ihn, ab 1957 Exil in Japan

PLO 1964 gegründete Palästinensische Befreiungsorganisation mit dem Ziel der Errichtung eines souveränen Staates Palästina, 1974

offizielle Anerkennung der Organisation als Vertretung des palästinensischen Volkes durch die Vereinten Nationen

Pol Pot (1928-98) Bürgerlich: Saloth Sar, kommunistischer Politiker Kambodschas, Führer (»Bruder Nr. 1«) des kommunistischen Rote-Khmer-Regimes in Kambodscha von 1975-79

Poso Stadt in der indonesischen Provinz Zentralsulawesi, ca. 55.000 Einwohner

PPP *Partai Persatuan Pembanggunan* (Vereinigte Entwicklungspartei), eine der drei während der autoritären Herrschaft Suhartos zugelassenen Parteien, islamische Partei

Prabowo Subianto (*1951) Vorsitzender der Partei *Gerindra*, ehemaliger Befehlshaber der Spezialkräfte des indonesischen Militärs, 1998 wegen der Entführung und wahrscheinlichen Tötung oppositioneller Studenten unehrenhaft aus Militär entlassen, 2014 indonesischer Präsidentschaftskandidat

Prem Tinsulanonda (*1920) 1980-1988 Ministerpräsident Thailands, ehemaliger Heeresoffizier, leitete während seiner Amtszeit demokratische Reformen ein, seit 1998 Präsident des thailändischen Kronrates, engster Vertrauter des thailändischen Königs Bhumibol

PSI *Partai Sosialis Indonesia* (Sozialistische Partei Indonesiens), Gründung 1948, 1960 Verbot durch Präsident Sukarno aufgrund ihrer vorgeblichen Unterstützung regierungsfeindlicher Proteste und ihres Widerstandes gegen seine sogenannte gelenkte Demokratie (*Demokrasi Terpimpin*)

Pulau Weh Insel Weh in der Straße von Malakka, beheimatet den zur Provinz Aceh gehörenden Distrikt Sabang mit gleichnamiger Hauptstadt

PUSA *Persatuan Ulama Seluruh Aceh* (Ulama-Vereinigung Gesamt-Aceh), 1939 gegründete Vereinigung modernistischer islamischer Gelehrter Acehs, Ziel: Modernisierung der islamischen Bildung, aktive Unterstützung des indonesischen Unabhängigkeitskampfes

Qadiriyah wal Naqsabandiyah islamische Bruderschaft

Ranup Lampuan traditioneller Tanz in Aceh
Rencong traditioneller Dolch Acehs mit Griff aus Wasserbüffelhorn
Rimba Raya Indonesisch: Urwald, Radiosender in Indonesien während der späten Kolonialzeit
Rote Khmer kommunistische, anti-intellektuelle Bewegung, die Kambodscha zwischen 1975 und 1979 totalitär beherrschte und das Land in einen reinen, kollektivistisch organisierten Agrarstaat transformierte; den »Säuberungsaktionen« der Roten Khmer fielen bis zu drei der acht Millionen Kambodschaner zum Opfer

Sagoe Acehisch: Subdistrikt
SARA Akronym: *Suku* (Ethnie), *Agama* (Religion), *Ras* (Rasse) und *Antar Golongan* (Gruppenbeziehungen), Tabubegriff: diese Themen durften während der Neuen Ordnung unter Suharto nicht öffentlich diskutiert werden, um die staatlich verordnete »Harmonie« zwischen diesen Gruppierungen nicht zu gefährden
Sarong in weiten Teilen Asien verbreiteter Wickelrock
Scharia häufig als Synonym für die islamische Strafgerichtsbarkeit verwendeter Begriff, umfasst jedoch alle Aspekte der islamischen Lebensweise
Sekarmadji Maridjan Kartosoewirjo (1905-62) islamischer indonesischer Politiker und Führer der Darul-Islam-Bewegung in Westjava, 1962 zum Tode verurteilt und hingerichtet
Seulimeum Subdistrikt des Distrikts Aceh Besar in der Provinz Aceh
SGI *Satuan Gabungan Intelijen* (Geheimdienstabteilung), geheimdienstlich operierende Einheiten der Spezialkräfte (*Kopassus*) des indonesischen Militärs während der DOM-Periode in Aceh
Siam bis 1932 offizieller Name des heutigen Thailands
Siem Reap Hauptstadt der gleichnamigen Provinz Kambodschas, nächstgelegene Stadt zur Tempelanlage Angkor Wat, ca. 175.000 Einwohner
Sigli Hauptstadt des Distriktes Pidie in der Provinz Aceh, ca. 23.000 Einwohner

Singkawang/San Keuw Jong Stadt in West-Kalimantan auf der Insel Borneo mit mehrheitlich chinesischstämmiger Bevölkerung, ca. 193.000 Einwohner

SMP *Sekolah Menengah Pertama* (Mittelschule/Realschule)

Son Sen (1930-97) kommunistischer Politiker Kambodschas, 1976-79 Verteidigungsminister des Roten-Khmer-Regimes, 1974-92 Mitglied des Zentralkomitees der Kommunistischen Partei Kambodschas, verantwortlich für den Sicherheitsapparat der Partei, 1997 Hinrichtung mitsamt seiner Familie auf Anweisung Pol Pots

SRI *Sekolah Rendah Islam* (islamische Grundschule)

Sukarno (1901-70) Gemeinsam mit Mohammad Hatta Staatsgründer der Republik Indonesien am 17.08.1945, 1945-67 erster Präsident Indonesiens, Vordenker der indonesischen Staatsphilosophie *Pancasila*

Susilo Bambang Yudhoyono (SBY) 2004-14 sechster Präsident Indonesiens

Sutomo/Soetomo (1888-1938) Vordenker der indonesischen National- und Unabhängigkeitsbewegung, 1908 Begründer von Budi Utomo, indonesischer Nationalheld

Ta Mok (1926-2006) Bürgerlich: Chhit Choeun (ungeklärt), Offizier der Roten Khmer, maßgeblich für die politischen Säuberungen während des Roten-Khmer-Regimes verantwortlich, einer der letzten Führer der Roten Khmer, Verhaftung 1998, 2002 Anklage wegen Verbrechen gegen die Menschlichkeit, keine Verurteilung aufgrund seines Todes 2006

Tan Malaka (1897-1949) indonesischer kommunistischer Politiker, Gewerkschaftler, Schriftsteller und Journalist, 1921 Vorsitzender des Vorläufers der PKI, 1922 niederländisches Exil, 1923 Vertreter Südostasiens im Exekutivkomitee der Kommunistischen Internationale (*Komintern*), Kritiker der Regierung Sukarno/Hatta, 1946-1948 politische Inhaftierung, 1949 Exekution durch das indonesische Militär

Tangerang westlich von Jakarta in der Provinz Banten gelegene Großstadt mit ca. zwei Millionen Einwohnern, gehört mit Jakarta, Bogor, Depok und Bekasi und ihren Landkreisen zur Metropolregion Jabodetabek mit ca. 27 Millionen Einwohnern

Tangse Region im Distrikt Pidie in der Provinz Aceh

Tarekat mystische islamische Bruderschaft

Tasawuf Sufismus (islamische Mystik)

Tengku Cik di Tiro (Muhammad Saman) (1836-91) islamischer Gelehrter aus Tiro, 1880-91: Führer des antikolonialen Widerstands gegen die holländische Invasion Acehs, Urgroßvater von Hasan di Tiro mütterlicherseits, 1891 Vergiftung durch Kollaborateure, indonesischer Nationalheld

Teuku Anredeform für die Händleraristokratie (*Uleebalang*) Acehs

Teungku, Tengku Anredeform für einen religiösen Lehrer bzw. einen in einer islamischen Schule ausgebildeten acehischen Mann

Teupin Raya Dorf im Distrikt Ostaceh (Aceh Timur) in der Provinz Aceh

Thaksin Shinawatra (*1949) thailändischer Politiker und Unternehmer, 2001-2006 Premierminister Thailands, seit Militärputsch 2006 im Exil

Tiro Subdistrikt im Distrikt Pidie in der Provinz Aceh

TNA *Teuntara Neugara Aceh* (Nationalarmee Acehs), bewaffneter Arm der Bewegung Freies Aceh (GAM)

Tsunami am 26. Dezember 2004 Erdbeben der Stärke 9,1 auf der Richterskala 85 Kilometer vor der Westküste Sumatras, löste mehrere Tsunamis aus, ca. 230.00 Tote, davon ca. 170.000 in der Provinz Aceh

Tuktuk zumeist dreirädrige Auto-/Motorradrikschas, vor allem in asiatischen Ländern als Taxis verbreitet

Ulama islamischer Gelehrter/Geistlicher

Uleebalang landbesitzende Händleraristokratie in Aceh, wurden während der sogenannten »sozialen Revolution« in Aceh im Jahre 1946 durch die islamischen Eliten als koloniale Kollaborateure zu Hunderten hingerichtet

Ustadz indonesische Bezeichnung für einen islamischen Prediger/ Lehrer ohne den Status eines islamischen Gelehrten

VOC *Vereenigde Oostindische Compagnie* (Niederländische Ostindien-Kompanie), eine der größten Handelskompanien der Welt, 1602-1799 aktiv, Hauptquartier ihrer Handelsschifffahrt in Batavia, bis zur Auflösung Verwaltung der kolonialen Besitzungen der Niederlande im heutigen Indonesien

Wali Nanggroe/Wali Neugara wörtlich: Bewahrer/Beschützer des Landes, höchstes zeremonielles Amt der Provinz Aceh

Waria Akronym aus den indonesischen Begriffen *Waria* (Frau) und *Pria* (Mann), Bezeichnung für Transvestiten und Transsexuelle

WHO *World Health Organization* (Weltgesundheitsorganisation der Vereinten Nationen)

Wikramawardhana (????-**1429**) König des hinduistischen Reiches Majapahit auf Java, reg. 1389-1429

Wilayatul Hisbah (WH) »Scharia-Polizei« der Provinz Aceh, zuständig für die Durchsetzung der islamischen Rechtsverordnungen in Aceh

Wiranto (***1947**) General des indonesischen Militärs a.D. und Politiker, 1998-1999 Oberkommandierender der indonesischen Streitkräfte, 2003 von der »Serious Crimes Unit« der Vereinten Nationen wegen Verbrechen gegen die Menschlichkeit während und nach dem Unabhängigkeitsreferendum in Osttimor 1999 angeklagt, bis heute nicht strafrechtlich belangt

Wuduk Rituelle Waschung von Muslimen vor dem Gebet

Yusuf Al Qardhawi (*????) 2008-2012 Vorsitzender der islamistischen Organisation Front der Verteidiger des Islam (*Front Pembela Islam*, FPI) in der Provinz Aceh

Zakaria Saman (***1946**) »Verteidigungsminister« der GAM, maßgeblich für den Ankauf und Schmuggel von Waffen und Munition für die GAM zuständig, heute erfolgreicher Unternehmer in

Aceh und bis Ende 2014 Teil des Führungszirkels der Partei *Partai Aceh*

Zibetkatzenkaffee Indonesisch: *kopi luwak*, sehr teure Kaffeespezialität, unverdaute und leicht fermentierte Kaffeebohnen, werden aus dem Kot der Zibetkatze gewonnen, gesäubert und geröstet

Zikir tranceartiges wiederholtes Ausrufen des Namens Allahs

Zionismus jüdische Nationalbewegung für die Errichtung eines jüdischen Nationalstaats in Palästina, benannt nach dem Namen des Tempelbergs (Zion) in Jerusalem

Zulkifar Ali Bhutto (1928-79) 1971-73 Staatspräsident und 1973-77 Premierminister Pakistans, 1979 politisch motivierte Verurteilung zum Tode und Hinrichtung auf Betreiben von Mohammed Zia-ul-Haq

Ayu Utami
Saman
Roman
Übersetzt von Peter Sternagel
264 Seiten, Taschenbuch
11,90 Euro (D)
ISBN: 978-3-89502-395-8

Südwind Magazin, 07/2008: »Die Geschichte vom Titelhelden Saman ist derart packend geschrieben, dass sich dem manchmal geradezu mythischen Bann der Ereignisse wohl niemand entziehen kann. ... Das Buch verdient es, von möglichst vielen Menschen gelesen zu werden.«

Ayu Utami
Larung
Roman
Übersetzt von Peter Sternagel
328 Seiten, Hardcover mit Schutzumschlag
19,90 Euro (D)
ISBN: 978-3-89502-393-4

»Larung« ist ein Bilderbogen von Geschichten über die ungleichen Paare Saman und Yasmin, Sihar und Laila und ihre Beziehung zu dem Titelhelden Larung. Dabei gelangen alle die Themen ins Blickfeld, die die gesellschaftlichen und politischen Verhältnisse Indonesiens unter dem Regime Suhartos prägten.

HORLEMANN

Oka Rusmini
Erdentanz
Roman aus Bali
Übersetzt von Birgit Lattenkamp
192 Seiten, Taschenbuch
11,90 Euro (D)
ISBN: 978-3-89502-396-5

Fränkische Nachrichten, 16.07.2007: »*Erdentanz* ist kein Roman, der den Wunsch nach exotischen Sujets bedient. Er beschreibt die reale Gesellschaft in Bali, die gesellschaftlichen Zwänge, denen die Kastengesellschaft Frauen – und Männer – unterwirft.«

BACKLIST

Monika Arnez (Hg.)
DUFT DER ASCHE
Literarische Stimmen indonesischer Frauen
Übersetzt von Monika Arnez und Edwin Wieringa
124 Seiten, Broschur
ISBN: 978-3-89502-269-2
12,90 Euro

Leila Chudori
DIE LETZTE NACHT
Erzählungen
Übersetzt von Beate Carle
208 Seiten, Klappenbroschur
ISBN: 978-3-92790-581-8
7,00 Euro

Mochtar Lubis
STRASSE OHNE ENDE
Übersetzt von Diethelm Hofstra
192 Seiten,
Hardcover mit Schutzumschlag
ISBN: 978-3-89502-038-4
7,00 Euro

Mochtar Lubis
TIGER! TIGER!
Übersetzt von Diethelm Hofstra
229 Seiten,
Hardcover mit Schutzumschlag
ISBN: 978-3-927905-55-9
7,00 Euro

Armijn Pane
IN FESSELN
Übersetzt von Renate und Hansheinrich Lödel
160 Seiten,
Hardcover mit Schutzumschlag
ISBN: 978-3-92790-564-1
7,00 Euro

Pramoedya Ananta Toer
DIE BRAUT DES BENDORO
Übersetzt von Diethelm Hofstra
260 Seiten, Broschur
ISBN: 978-3-89502-125-1
14,90 Euro

Pramoedya Ananta Toer
DIE FAMILIE DER PARTISANEN
Übersetzt von Diethelm Hofstra
210 Seiten,
Hardcover mit Schutzumschlag
ISBN: 978-3-89502-056-8
7,00 Euro

Ahmad Tohari
DIE TÄNZERIN VON DUKUH PARUK
Übersetzt von Giok Hiang Gornik
172 Seiten,
Hardcover mit Schutzumschlag
ISBN: 978-3-89502-029-2
7,00 Euro

Ahmad Tohari
KOMET IN DER DÄMMERUNG
Übersetzt von Giok Hiang Gornik
214 Seiten,
Hardcover mit Schutzumschlag
ISBN: 978-3-89502-057-5
7,00 Euro

Gunnar Stange / Rolf Jordan / Kristina Großmann
Handbuch Indonesien
512 Seiten, Klappenbroschur
19,90 Euro (D)
ISBN: 978-3-89502-394-1

Das »Handbuch Indonesien« greift verschiedene Themen aus den Bereichen Kultur, Politik, Gesellschaft und Wirtschaft in Indonesien und innerhalb der deutsch-indonesischen Beziehung auf. Es kommen deutsche und indonesische MenschenrechtsaktivistInnen, WissenschaftlerInnen, KünstlerInnen und Intellektuelle als Experten zu Wort.

Eine einzigartige Quelle für alle Indonesien-Kenner und solche, die es noch werden wollen.

HORLEMANN